香港特别行政区制度法律文件

XIANGGANG TEBIE XINGZHENGQU ZHIDU
FALÜ WENJIAN

全国人大常委会香港基本法委员会办公室　编

2023年

中国民主法制出版社

图书在版编目（CIP）数据

香港特别行政区制度法律文件/全国人大常委会香港基本法委员会办公室编. —北京：中国民主法制出版社，2023. 4

ISBN 978-7-5162-3165-4

Ⅰ. ①香… Ⅱ. ①全… Ⅲ. ①特别行政区基本法—研究—香港 Ⅳ. ①D921. 94

中国国家版本馆 CIP 数据核字（2023）第 060903 号

图书出品人：刘海涛
出 版 统 筹：贾兵伟
图 书 策 划：张　涛
责 任 编 辑：周冠宇

书名/香港特别行政区制度法律文件

作者/全国人大常委会香港基本法委员会办公室　编

出版·发行/中国民主法制出版社

地址/北京市丰台区右安门外玉林里 7 号（100069）

电话/（010）63055259（总编室）　（010）83910658　63056573（人大系统发行）

传真/（010）63055259

http：// www. npcpub. com

E-mail：mzfz@ npcpub. com

开本/16 开　700 毫米×1000 毫米

印张/13.25　**字数**/153 千字

版本/2023 年 4 月第 1 版　2023 年 4 月第 1 次印刷

印刷/三河市宏图印务有限公司

书号/ISBN 978-7-5162-3165-4

定价/36. 00 元

目　录

附：参研文件

中华人民共和国宪法

（1982 年 12 月 4 日第五届全国人民代表大会第五次会议通过　1982 年 12 月 4 日全国人民代表大会公告公布施行

根据 1988 年 4 月 12 日第七届全国人民代表大会第一次会议通过的《中华人民共和国宪法修正案》、1993 年 3 月 29 日第八届全国人民代表大会第一次会议通过的《中华人民共和国宪法修正案》、1999 年 3 月 15 日第九届全国人民代表大会第二次会议通过的《中华人民共和国宪法修正案》、2004 年 3 月 14 日第十届全国人民代表大会第二次会议通过的《中华人民共和国宪法修正案》和 2018 年 3 月 11 日第十三届全国人民代表大会第一次会议通过的《中华人民共和国宪法修正案》修正）

目　录

序　　言

中国是世界上历史最悠久的国家之一。中国各族人民共同创造了光辉灿烂的文化，具有光荣的革命传统。

一八四〇年以后，封建的中国逐渐变成半殖民地、半封建的国家。中国人民为国家独立、民族解放和民主自由进行了前仆后继的英勇奋斗。

二十世纪，中国发生了翻天覆地的伟大历史变革。

一九一一年孙中山先生领导的辛亥革命，废除了封建帝制，创立了中华民国。但是，中国人民反对帝国主义和封建主义的历史任务还没有完成。

一九四九年，以毛泽东主席为领袖的中国共产党领导中国各族人民，在经历了长期的艰难曲折的武装斗争和其他形式的斗争以后，终于推翻了帝国主义、封建主义和官僚资本主义的统治，取得了新民主主义革命的伟大胜利，建立了中华人民共和国。从此，中国人民掌握了国家的权力，成为国家的主人。

中华人民共和国成立以后，我国社会逐步实现了由新民主主义到社会主义的过渡。生产资料私有制的社会主义改造已经完成，人剥削人的制度已经消灭，社会主义制度已经确立。工人阶级领导的、以工农联盟为基础的人民民主专政，实质上即无产阶级专政，得到巩固和发展。中国人民和中国人民解放军战胜了帝国主义、霸权主义的侵略、破坏和武装挑衅，维护了国家的独立和安全，增强了国防。经济建设取得了重大的成就，独立的、比较完整的社会主义工业体系已经基本形成，农业生产显著提高。教育、科学、文化等事业有了很大的发展，社会主义思想教育取得了明显的成效。广大人民的生活有了较大的改善。

中国新民主主义革命的胜利和社会主义事业的成就，是中国共产党领导中国各族人民，在马克思列宁主义、毛泽东思想的指引下，坚持真理，修正错误，战胜许多艰难险阻而取得的。我国将长期处于社会主义初级阶段。国家的根本任务是，沿着中国特色社会主义道路，集中力量进行社会主义现代化建设。中国各族人民将继续在中国共产党领导下，在马克思列宁主义、毛泽东思想、邓小平理论、“三个代表”重要思想、科学发展观、习近平新时代中国特色社会主义思想指引下，坚持人民民主专政，坚持社会主义道路，坚持改革开放，不断完善社会主义的各项制度，发展社会主义市场经济，发展社会主义民主，健全社会主义法治，贯彻新发展理念，自力更生，艰苦奋斗，逐步实现工业、农业、国防和科学技术的现代化，推动物质文明、政治文明、精神文明、社会文明、生态文明协调发展，把我国建设成为富强民主文明和谐美丽的社会主义现代化强国，实现中华民族伟大复兴。

在我国，剥削阶级作为阶级已经消灭，但是阶级斗争还将在一定范围内长期存在。中国人民对敌视和破坏我国社会主义制度的国内外的敌对势力和敌对分子，必须进行斗争。

台湾是中华人民共和国的神圣领土的一部分。完成统一祖国的大业是包括台湾同胞在内的全中国人民的神圣职责。

社会主义的建设事业必须依靠工人、农民和知识分子，团结一切可以团结的力量。在长期的革命、建设、改革过程中，已经结成由中国共产党领导的，有各民主党派和各人民团体参加的，包括全体社会主义劳动者、社会主义事业的建设者、拥护社会主义的爱国者、拥护祖国统一和致力于中华民族伟大复兴的爱国者的广泛的爱国统一战线，这个统一战线将继续巩固和发展。中国人民政治协商会议是有广泛代表性的统一战线组织，过去发挥了重要的历史作用，今后在国家政治生活、社会生活和对外友好活动中，在进行社会主义现代化建设、维护国家的统一和团结的斗争中，将进一步发挥它的重要作用。中国共产党领导的多党合作和政治协商制度将长期存在和发展。

中华人民共和国是全国各族人民共同缔造的统一的多民族国家。平等团结互助和谐的社会主义民族关系已经确立，并将继续加强。在维护民族团结的斗争中，要反对大民族主义，主要是大汉族主义，也要反对地方民族主义。国家尽一切努力，促进全国各民族的共同繁荣。

中国革命、建设、改革的成就是同世界人民的支持分不开的。中国的前途是同世界的前途紧密地联系在一起的。中国坚持独立自主的对外政策，坚持互相尊重主权和领土完整、互不侵犯、互不干涉内政、平等互利、和平共处的五项原则，坚持和平发展道路，坚持互利共赢开放战略，发展同各国的外交关系和经济、文化交流，推动构建人类命运共同体；坚持反对帝国主义、霸权主义、殖民主义，加强同世界各国人民的团结，支持被压迫民族和发展中国家争取和维护民族独立、发展民族经济的正义斗争，为维护世界和平和促进人类进步事业而努力。

本宪法以法律的形式确认了中国各族人民奋斗的成果，规定了国家的根本制度和根本任务，是国家的根本法，具有最高的法律效力。全国各族人民、一切国家机关和武装力量、各政党和各社会团体、各企业事业组织，都必须以宪法为根本的活动准则，并且负有维护宪法尊严、保证宪法实施的职责。

第一章　总　纲

第一条　中华人民共和国是工人阶级领导的、以工农联盟为基础的人民民主专政的社会主义国家。

社会主义制度是中华人民共和国的根本制度。中国共产党领导是中国特色社会主义最本质的特征。禁止任何组织或者个人破坏社会主义制度。

第二条　中华人民共和国的一切权力属于人民。

人民行使国家权力的机关是全国人民代表大会和地方各级人民代表大会。

人民依照法律规定，通过各种途径和形式，管理国家事务，管理经济和文化事业，管理社会事务。

第三条　中华人民共和国的国家机构实行民主集中制的原则。

全国人民代表大会和地方各级人民代表大会都由民主选举产生，对人民负责，受人民监督。

国家行政机关、监察机关、审判机关、检察机关都由人民代表大会产生，对它负责，受它监督。

中央和地方的国家机构职权的划分，遵循在中央的统一领导下，充分发挥地方的主动性、积极性的原则。

第四条 中华人民共和国各民族一律平等。国家保障各少数民族的合法的权利和利益，维护和发展各民族的平等团结互助和谐关系。禁止对任何民族的歧视和压迫，禁止破坏民族团结和制造民族分裂的行为。

国家根据各少数民族的特点和需要，帮助各少数民族地区加速经济和文化的发展。

各少数民族聚居的地方实行区域自治，设立自治机关，行使自治权。各民族自治地方都是中华人民共和国不可分离的部分。

各民族都有使用和发展自己的语言文字的自由，都有保持或者改革自己的风俗习惯的自由。

第五条 中华人民共和国实行依法治国，建设社会主义法治国家。

国家维护社会主义法制的统一和尊严。

一切法律、行政法规和地方性法规都不得同宪法相抵触。

一切国家机关和武装力量、各政党和各社会团体、各企业事业组织都必须遵守宪法和法律。一切违反宪法和法律的行为，必须予以追究。

任何组织或者个人都不得有超越宪法和法律的特权。

第六条 中华人民共和国的社会主义经济制度的基础是生产资料的社会主义公有制，即全民所有制和劳动群众集体所有制。

社会主义公有制消灭人剥削人的制度，实行各尽所能、按劳分配的原则。

国家在社会主义初级阶段，坚持公有制为主体、多种所有制经济共同发展的基本经济制度，坚持按劳分配为主体、多种分配方式并存的分配制度。

第七条 国有经济，即社会主义全民所有制经济，是国民经济中的主导力量。国家保障国有经济的巩固和发展。

第八条 农村集体经济组织实行家庭承包经营为基础、统分结合的双层经营体制。农村中的生产、供销、信用、消费等各种形式的合作经济，是社会主义劳动群众集体所有制经济。参加农村集体经济组织的劳动者，有权在法律规定的范围内经营自留地、自留山、家庭副业和饲养自留畜。

城镇中的手工业、工业、建筑业、运输业、商业、服务业等行业的各种形式的合作经济，都是社会主义劳动群众集体所有制经济。

国家保护城乡集体经济组织的合法的权利和利益，鼓励、指导和帮助集体经济的发展。

第九条 矿藏、水流、森林、山岭、草原、荒地、滩涂等自然资源，都属于国家所有，即全民所有；由法律规定属于集体所有的森林和山岭、草原、荒地、滩涂除外。

国家保障自然资源的合理利用，保护珍贵的动物和植物。禁止任何组织或者个人用任何手段侵占或者破坏自然资源。

第十条 城市的土地属于国家所有。

农村和城市郊区的土地，除由法律规定属于国家所有的以外，属于集体所有；宅基地和自留地、自留山，也属于集体所有。

国家为了公共利益的需要，可以依照法律规定对土地实行征收或者征用并给予补偿。

任何组织或者个人不得侵占、买卖或者以其他形式非法转让土地。土地的使用权可以依照法律的规定转让。

一切使用土地的组织和个人必须合理地利用土地。

第十一条　在法律规定范围内的个体经济、私营经济等非公有制经济，是社会主义市场经济的重要组成部分。

国家保护个体经济、私营经济等非公有制经济的合法的权利和利益。国家鼓励、支持和引导非公有制经济的发展，并对非公有制经济依法实行监督和管理。

第十二条　社会主义的公共财产神圣不可侵犯。

国家保护社会主义的公共财产。禁止任何组织或者个人用任何手段侵占或者破坏国家的和集体的财产。

第十三条　公民的合法的私有财产不受侵犯。

国家依照法律规定保护公民的私有财产权和继承权。

国家为了公共利益的需要，可以依照法律规定对公民的私有财产实行征收或者征用并给予补偿。

第十四条　国家通过提高劳动者的积极性和技术水平，推广先进的科学技术，完善经济管理体制和企业经营管理制度，实行各种形式的社会主义责任制，改进劳动组织，以不断提高劳动生产率和经济效益，发展社会生产力。

国家厉行节约，反对浪费。

国家合理安排积累和消费，兼顾国家、集体和个人的利益，在发展生产的基础上，逐步改善人民的物质生活和文化生活。

国家建立健全同经济发展水平相适应的社会保障制度。

第十五条 国家实行社会主义市场经济。

国家加强经济立法，完善宏观调控。

国家依法禁止任何组织或者个人扰乱社会经济秩序。

第十六条 国有企业在法律规定的范围内有权自主经营。

国有企业依照法律规定，通过职工代表大会和其他形式，实行民主管理。

第十七条 集体经济组织在遵守有关法律的前提下，有独立进行经济活动的自主权。

集体经济组织实行民主管理，依照法律规定选举和罢免管理人员，决定经营管理的重大问题。

第十八条 中华人民共和国允许外国的企业和其他经济组织或者个人依照中华人民共和国法律的规定在中国投资，同中国的企业或者其他经济组织进行各种形式的经济合作。

在中国境内的外国企业和其他外国经济组织以及中外合资经营的企业，都必须遵守中华人民共和国的法律。它们的合法的权利和利益受中华人民共和国法律的保护。

第十九条 国家发展社会主义的教育事业，提高全国人民的科学文化水平。

国家举办各种学校，普及初等义务教育，发展中等教育、职业教育和高等教育，并且发展学前教育。

国家发展各种教育设施，扫除文盲，对工人、农民、国家工作人员和其他劳动者进行政治、文化、科学、技术、业务的教育，鼓励自学成才。

国家鼓励集体经济组织、国家企业事业组织和其他社会力量依照法律规定举办各种教育事业。

国家推广全国通用的普通话。

第二十条 国家发展自然科学和社会科学事业，普及科学和技术知识，奖励科学研究成果和技术发明创造。

第二十一条 国家发展医疗卫生事业，发展现代医药和我国传统医药，鼓励和支持农村集体经济组织、国家企业事业组织和街道组织举办各种医疗卫生设施，开展群众性的卫生活动，保护人民健康。

国家发展体育事业，开展群众性的体育活动，增强人民体质。

第二十二条 国家发展为人民服务、为社会主义服务的文学艺术事业、新闻广播电视事业、出版发行事业、图书馆博物馆文化馆和其他文化事业，开展群众性的文化活动。

国家保护名胜古迹、珍贵文物和其他重要历史文化遗产。

第二十三条 国家培养为社会主义服务的各种专业人才，扩大知识分子的队伍，创造条件，充分发挥他们在社会主义现代化建设中的作用。

第二十四条 国家通过普及理想教育、道德教育、文化教育、纪律和法制教育，通过在城乡不同范围的群众中制定和执行各种守则、公约，加强社会主义精神文明的建设。

国家倡导社会主义核心价值观，提倡爱祖国、爱人民、爱劳动、爱科学、爱社会主义的公德，在人民中进行爱国主义、集体主义和国际主义、共产主义的教育，进行辩证唯物主义和历史唯物主义的教育，反对资本主义的、封建主义的和其他的腐朽思想。

第二十五条 国家推行计划生育，使人口的增长同经济和社会发展计划相适应。

第二十六条 国家保护和改善生活环境和生态环境，防治污染和其他公害。

国家组织和鼓励植树造林，保护林木。

第二十七条 一切国家机关实行精简的原则，实行工作责任制，实行工作人员的培训和考核制度，不断提高工作质量和工作效率，反对官僚主义。

一切国家机关和国家工作人员必须依靠人民的支持，经常保持同人民的密切联系，倾听人民的意见和建议，接受人民的监督，努力为人民服务。

国家工作人员就职时应当依照法律规定公开进行宪法宣誓。

第二十八条 国家维护社会秩序，镇压叛国和其他危害国家安全的犯罪活动，制裁危害社会治安、破坏社会主义经济和其他犯罪的活动，惩办和改造犯罪分子。

第二十九条 中华人民共和国的武装力量属于人民。它的任务是巩固国防，抵抗侵略，保卫祖国，保卫人民的和平劳动，参加国家建设事业，努力为人民服务。

国家加强武装力量的革命化、现代化、正规化的建设，增强国防力量。

第三十条 中华人民共和国的行政区域划分如下：

（一）全国分为省、自治区、直辖市；

（二）省、自治区分为自治州、县、自治县、市；

（三）县、自治县分为乡、民族乡、镇。

直辖市和较大的市分为区、县。自治州分为县、自治县、市。

自治区、自治州、自治县都是民族自治地方。

第三十一条 国家在必要时得设立特别行政区。在特别行政区内实行的制度按照具体情况由全国人民代表大会以法律规定。

第三十二条 中华人民共和国保护在中国境内的外国人的合法权利和利益，在中国境内的外国人必须遵守中华人民共和国的法律。

中华人民共和国对于因为政治原因要求避难的外国人，可以给予受庇护的权利。

第二章 公民的基本权利和义务

第三十三条 凡具有中华人民共和国国籍的人都是中华人民共和国公民。

中华人民共和国公民在法律面前一律平等。

国家尊重和保障人权。

任何公民享有宪法和法律规定的权利，同时必须履行宪法和法律规定的义务。

第三十四条 中华人民共和国年满十八周岁的公民，不分民族、种族、性别、职业、家庭出身、宗教信仰、教育程度、财产状况、居住期限，都有选举权和被选举权；但是依照法律被剥夺政治权利的人除外。

第三十五条 中华人民共和国公民有言论、出版、集会、结社、游行、示威的自由。

第三十六条　中华人民共和国公民有宗教信仰自由。

任何国家机关、社会团体和个人不得强制公民信仰宗教或者不信仰宗教，不得歧视信仰宗教的公民和不信仰宗教的公民。

国家保护正常的宗教活动。任何人不得利用宗教进行破坏社会秩序、损害公民身体健康、妨碍国家教育制度的活动。

宗教团体和宗教事务不受外国势力的支配。

第三十七条　中华人民共和国公民的人身自由不受侵犯。

任何公民，非经人民检察院批准或者决定或者人民法院决定，并由公安机关执行，不受逮捕。

禁止非法拘禁和以其他方法非法剥夺或者限制公民的人身自由，禁止非法搜查公民的身体。

第三十八条　中华人民共和国公民的人格尊严不受侵犯。禁止用任何方法对公民进行侮辱、诽谤和诬告陷害。

第三十九条　中华人民共和国公民的住宅不受侵犯。禁止非法搜查或者非法侵入公民的住宅。

第四十条　中华人民共和国公民的通信自由和通信秘密受法律的保护。除因国家安全或者追查刑事犯罪的需要，由公安机关或者检察机关依照法律规定的程序对通信进行检查外，任何组织或者个人不得以任何理由侵犯公民的通信自由和通信秘密。

第四十一条　中华人民共和国公民对于任何国家机关和国家工作人员，有提出批评和建议的权利；对于任何国家机关和国家工作人员的违法失职行为，有向有关国家机关提出申诉、控告或者检举的权利，但是不得捏造或者歪曲事实进行诬告陷害。

对于公民的申诉、控告或者检举，有关国家机关必须查清事实，负责处理。任何人不得压制和打击报复。

由于国家机关和国家工作人员侵犯公民权利而受到损失的人，有依照法律规定取得赔偿的权利。

第四十二条 中华人民共和国公民有劳动的权利和义务。

国家通过各种途径，创造劳动就业条件，加强劳动保护，改善劳动条件，并在发展生产的基础上，提高劳动报酬和福利待遇。

劳动是一切有劳动能力的公民的光荣职责。国有企业和城乡集体经济组织的劳动者都应当以国家主人翁的态度对待自己的劳动。国家提倡社会主义劳动竞赛，奖励劳动模范和先进工作者。国家提倡公民从事义务劳动。

国家对就业前的公民进行必要的劳动就业训练。

第四十三条 中华人民共和国劳动者有休息的权利。

国家发展劳动者休息和休养的设施，规定职工的工作时间和休假制度。

第四十四条 国家依照法律规定实行企业事业组织的职工和国家机关工作人员的退休制度。退休人员的生活受到国家和社会的保障。

第四十五条 中华人民共和国公民在年老、疾病或者丧失劳动能力的情况下，有从国家和社会获得物质帮助的权利。国家发展为公民享受这些权利所需要的社会保险、社会救济和医疗卫生事业。

国家和社会保障残废军人的生活，抚恤烈士家属，优待军人家属。

国家和社会帮助安排盲、聋、哑和其他有残疾的公民的劳动、生活和教育。

第四十六条 中华人民共和国公民有受教育的权利和义务。

国家培养青年、少年、儿童在品德、智力、体质等方面全面发展。

第四十七条 中华人民共和国公民有进行科学研究、文学艺术创作和其他文化活动的自由。国家对于从事教育、科学、技术、文学、艺术和其他文化事业的公民的有益于人民的创造性工作，给以鼓励和帮助。

第四十八条 中华人民共和国妇女在政治的、经济的、文化的、社会的和家庭的生活等各方面享有同男子平等的权利。

国家保护妇女的权利和利益，实行男女同工同酬，培养和选拔妇女干部。

第四十九条 婚姻、家庭、母亲和儿童受国家的保护。

夫妻双方有实行计划生育的义务。

父母有抚养教育未成年子女的义务，成年子女有赡养扶助父母的义务。

禁止破坏婚姻自由，禁止虐待老人、妇女和儿童。

第五十条 中华人民共和国保护华侨的正当的权利和利益，保护归侨和侨眷的合法的权利和利益。

第五十一条 中华人民共和国公民在行使自由和权利的时候，不得损害国家的、社会的、集体的利益和其他公民的合法的自由和权利。

第五十二条 中华人民共和国公民有维护国家统一和全国各

民族团结的义务。

第五十三条　中华人民共和国公民必须遵守宪法和法律，保守国家秘密，爱护公共财产，遵守劳动纪律，遵守公共秩序，尊重社会公德。

第五十四条　中华人民共和国公民有维护祖国的安全、荣誉和利益的义务，不得有危害祖国的安全、荣誉和利益的行为。

第五十五条　保卫祖国、抵抗侵略是中华人民共和国每一个公民的神圣职责。

依照法律服兵役和参加民兵组织是中华人民共和国公民的光荣义务。

第五十六条　中华人民共和国公民有依照法律纳税的义务。

第三章　国 家 机 构

第一节　全国人民代表大会

第五十七条　中华人民共和国全国人民代表大会是最高国家权力机关。它的常设机关是全国人民代表大会常务委员会。

第五十八条　全国人民代表大会和全国人民代表大会常务委员会行使国家立法权。

第五十九条　全国人民代表大会由省、自治区、直辖市、特别行政区和军队选出的代表组成。各少数民族都应当有适当名额的代表。

全国人民代表大会代表的选举由全国人民代表大会常务委员

会主持。

全国人民代表大会代表名额和代表产生办法由法律规定。

第六十条 全国人民代表大会每届任期五年。

全国人民代表大会任期届满的两个月以前，全国人民代表大会常务委员会必须完成下届全国人民代表大会代表的选举。如果遇到不能进行选举的非常情况，由全国人民代表大会常务委员会以全体组成人员的三分之二以上的多数通过，可以推迟选举，延长本届全国人民代表大会的任期。在非常情况结束后一年内，必须完成下届全国人民代表大会代表的选举。

第六十一条 全国人民代表大会会议每年举行一次，由全国人民代表大会常务委员会召集。如果全国人民代表大会常务委员会认为必要，或者有五分之一以上的全国人民代表大会代表提议，可以临时召集全国人民代表大会会议。

全国人民代表大会举行会议的时候，选举主席团主持会议。

第六十二条 全国人民代表大会行使下列职权：

（一）修改宪法；

（二）监督宪法的实施；

（三）制定和修改刑事、民事、国家机构的和其他的基本法律；

（四）选举中华人民共和国主席、副主席；

（五）根据中华人民共和国主席的提名，决定国务院总理的人选；根据国务院总理的提名，决定国务院副总理、国务委员、各部部长、各委员会主任、审计长、秘书长的人选；

（六）选举中央军事委员会主席；根据中央军事委员会主席的

提名，决定中央军事委员会其他组成人员的人选；

（七）选举国家监察委员会主任；

（八）选举最高人民法院院长；

（九）选举最高人民检察院检察长；

（十）审查和批准国民经济和社会发展计划和计划执行情况的报告；

（十一）审查和批准国家的预算和预算执行情况的报告；

（十二）改变或者撤销全国人民代表大会常务委员会不适当的决定；

（十三）批准省、自治区和直辖市的建置；

（十四）决定特别行政区的设立及其制度；

（十五）决定战争和和平的问题；

（十六）应当由最高国家权力机关行使的其他职权。

第六十三条 全国人民代表大会有权罢免下列人员：

（一）中华人民共和国主席、副主席；

（二）国务院总理、副总理、国务委员、各部部长、各委员会主任、审计长、秘书长；

（三）中央军事委员会主席和中央军事委员会其他组成人员；

（四）国家监察委员会主任；

（五）最高人民法院院长；

（六）最高人民检察院检察长。

第六十四条 宪法的修改，由全国人民代表大会常务委员会或者五分之一以上的全国人民代表大会代表提议，并由全国人民代表大会以全体代表的三分之二以上的多数通过。

法律和其他议案由全国人民代表大会以全体代表的过半数通过。

第六十五条 全国人民代表大会常务委员会由下列人员组成：

委员长，

副委员长若干人，

秘书长，

委员若干人。

全国人民代表大会常务委员会组成人员中，应当有适当名额的少数民族代表。

全国人民代表大会选举并有权罢免全国人民代表大会常务委员会的组成人员。

全国人民代表大会常务委员会的组成人员不得担任国家行政机关、监察机关、审判机关和检察机关的职务。

第六十六条 全国人民代表大会常务委员会每届任期同全国人民代表大会每届任期相同，它行使职权到下届全国人民代表大会选出新的常务委员会为止。

委员长、副委员长连续任职不得超过两届。

第六十七条 全国人民代表大会常务委员会行使下列职权：

（一）解释宪法，监督宪法的实施；

（二）制定和修改除应当由全国人民代表大会制定的法律以外的其他法律；

（三）在全国人民代表大会闭会期间，对全国人民代表大会制定的法律进行部分补充和修改，但是不得同该法律的基本原则相抵触；

（四）解释法律；

（五）在全国人民代表大会闭会期间，审查和批准国民经济和社会发展计划、国家预算在执行过程中所必须作的部分调整方案；

（六）监督国务院、中央军事委员会、国家监察委员会、最高人民法院和最高人民检察院的工作；

（七）撤销国务院制定的同宪法、法律相抵触的行政法规、决定和命令；

（八）撤销省、自治区、直辖市国家权力机关制定的同宪法、法律和行政法规相抵触的地方性法规和决议；

（九）在全国人民代表大会闭会期间，根据国务院总理的提名，决定部长、委员会主任、审计长、秘书长的人选；

（十）在全国人民代表大会闭会期间，根据中央军事委员会主席的提名，决定中央军事委员会其他组成人员的人选；

（十一）根据国家监察委员会主任的提请，任免国家监察委员会副主任、委员；

（十二）根据最高人民法院院长的提请，任免最高人民法院副院长、审判员、审判委员会委员和军事法院院长；

（十三）根据最高人民检察院检察长的提请，任免最高人民检察院副检察长、检察员、检察委员会委员和军事检察院检察长，并且批准省、自治区、直辖市的人民检察院检察长的任免；

（十四）决定驻外全权代表的任免；

（十五）决定同外国缔结的条约和重要协定的批准和废除；

（十六）规定军人和外交人员的衔级制度和其他专门衔级制度；

（十七）规定和决定授予国家的勋章和荣誉称号；

（十八）决定特赦；

（十九）在全国人民代表大会闭会期间，如果遇到国家遭受武装侵犯或者必须履行国际间共同防止侵略的条约的情况，决定战争状态的宣布；

（二十）决定全国总动员或者局部动员；

（二十一）决定全国或者个别省、自治区、直辖市进入紧急状态；

（二十二）全国人民代表大会授予的其他职权。

第六十八条　全国人民代表大会常务委员会委员长主持全国人民代表大会常务委员会的工作，召集全国人民代表大会常务委员会会议。副委员长、秘书长协助委员长工作。

委员长、副委员长、秘书长组成委员长会议，处理全国人民代表大会常务委员会的重要日常工作。

第六十九条　全国人民代表大会常务委员会对全国人民代表大会负责并报告工作。

第七十条　全国人民代表大会设立民族委员会、宪法和法律委员会、财政经济委员会、教育科学文化卫生委员会、外事委员会、华侨委员会和其他需要设立的专门委员会。在全国人民代表大会闭会期间，各专门委员会受全国人民代表大会常务委员会的领导。

各专门委员会在全国人民代表大会和全国人民代表大会常务委员会领导下，研究、审议和拟订有关议案。

第七十一条　全国人民代表大会和全国人民代表大会常务委

员会认为必要的时候，可以组织关于特定问题的调查委员会，并且根据调查委员会的报告，作出相应的决议。

调查委员会进行调查的时候，一切有关的国家机关、社会团体和公民都有义务向它提供必要的材料。

第七十二条 全国人民代表大会代表和全国人民代表大会常务委员会组成人员，有权依照法律规定的程序分别提出属于全国人民代表大会和全国人民代表大会常务委员会职权范围内的议案。

第七十三条 全国人民代表大会代表在全国人民代表大会开会期间，全国人民代表大会常务委员会组成人员在常务委员会开会期间，有权依照法律规定的程序提出对国务院或者国务院各部、各委员会的质询案。受质询的机关必须负责答复。

第七十四条 全国人民代表大会代表，非经全国人民代表大会会议主席团许可，在全国人民代表大会闭会期间非经全国人民代表大会常务委员会许可，不受逮捕或者刑事审判。

第七十五条 全国人民代表大会代表在全国人民代表大会各种会议上的发言和表决，不受法律追究。

第七十六条 全国人民代表大会代表必须模范地遵守宪法和法律，保守国家秘密，并且在自己参加的生产、工作和社会活动中，协助宪法和法律的实施。

全国人民代表大会代表应当同原选举单位和人民保持密切的联系，听取和反映人民的意见和要求，努力为人民服务。

第七十七条 全国人民代表大会代表受原选举单位的监督。原选举单位有权依照法律规定的程序罢免本单位选出的代表。

第七十八条 全国人民代表大会和全国人民代表大会常务委

员会的组织和工作程序由法律规定。

第二节　中华人民共和国主席

第七十九条　中华人民共和国主席、副主席由全国人民代表大会选举。

有选举权和被选举权的年满四十五周岁的中华人民共和国公民可以被选为中华人民共和国主席、副主席。

中华人民共和国主席、副主席每届任期同全国人民代表大会每届任期相同。

第八十条　中华人民共和国主席根据全国人民代表大会的决定和全国人民代表大会常务委员会的决定，公布法律，任免国务院总理、副总理、国务委员、各部部长、各委员会主任、审计长、秘书长，授予国家的勋章和荣誉称号，发布特赦令，宣布进入紧急状态，宣布战争状态，发布动员令。

第八十一条　中华人民共和国主席代表中华人民共和国，进行国事活动，接受外国使节；根据全国人民代表大会常务委员会的决定，派遣和召回驻外全权代表，批准和废除同外国缔结的条约和重要协定。

第八十二条　中华人民共和国副主席协助主席工作。

中华人民共和国副主席受主席的委托，可以代行主席的部分职权。

第八十三条　中华人民共和国主席、副主席行使职权到下届全国人民代表大会选出的主席、副主席就职为止。

第八十四条 中华人民共和国主席缺位的时候，由副主席继任主席的职位。

中华人民共和国副主席缺位的时候，由全国人民代表大会补选。

中华人民共和国主席、副主席都缺位的时候，由全国人民代表大会补选；在补选以前，由全国人民代表大会常务委员会委员长暂时代理主席职位。

第三节 国务院

第八十五条 中华人民共和国国务院，即中央人民政府，是最高国家权力机关的执行机关，是最高国家行政机关。

第八十六条 国务院由下列人员组成：

总理，

副总理若干人，

国务委员若干人，

各部部长，

各委员会主任，

审计长，

秘书长。

国务院实行总理负责制。各部、各委员会实行部长、主任负责制。

国务院的组织由法律规定。

第八十七条 国务院每届任期同全国人民代表大会每届任期

相同。

总理、副总理、国务委员连续任职不得超过两届。

第八十八条 总理领导国务院的工作。副总理、国务委员协助总理工作。

总理、副总理、国务委员、秘书长组成国务院常务会议。

总理召集和主持国务院常务会议和国务院全体会议。

第八十九条 国务院行使下列职权：

（一）根据宪法和法律，规定行政措施，制定行政法规，发布决定和命令；

（二）向全国人民代表大会或者全国人民代表大会常务委员会提出议案；

（三）规定各部和各委员会的任务和职责，统一领导各部和各委员会的工作，并且领导不属于各部和各委员会的全国性的行政工作；

（四）统一领导全国地方各级国家行政机关的工作，规定中央和省、自治区、直辖市的国家行政机关的职权的具体划分；

（五）编制和执行国民经济和社会发展计划和国家预算；

（六）领导和管理经济工作和城乡建设、生态文明建设；

（七）领导和管理教育、科学、文化、卫生、体育和计划生育工作；

（八）领导和管理民政、公安、司法行政等工作；

（九）管理对外事务，同外国缔结条约和协定；

（十）领导和管理国防建设事业；

（十一）领导和管理民族事务，保障少数民族的平等权利和民族自治地方的自治权利；

（十二）保护华侨的正当的权利和利益，保护归侨和侨眷的合法的权利和利益；

（十三）改变或者撤销各部、各委员会发布的不适当的命令、指示和规章；

（十四）改变或者撤销地方各级国家行政机关的不适当的决定和命令；

（十五）批准省、自治区、直辖市的区域划分，批准自治州、县、自治县、市的建置和区域划分；

（十六）依照法律规定决定省、自治区、直辖市的范围内部分地区进入紧急状态；

（十七）审定行政机构的编制，依照法律规定任免、培训、考核和奖惩行政人员；

（十八）全国人民代表大会和全国人民代表大会常务委员会授予的其他职权。

第九十条　国务院各部部长、各委员会主任负责本部门的工作；召集和主持部务会议或者委员会会议、委务会议，讨论决定本部门工作的重大问题。

各部、各委员会根据法律和国务院的行政法规、决定、命令，在本部门的权限内，发布命令、指示和规章。

第九十一条　国务院设立审计机关，对国务院各部门和地方各级政府的财政收支，对国家的财政金融机构和企业事业组织的财务收支，进行审计监督。

审计机关在国务院总理领导下，依照法律规定独立行使审计监督权，不受其他行政机关、社会团体和个人的干涉。

第九十二条　国务院对全国人民代表大会负责并报告工作；在全国人民代表大会闭会期间，对全国人民代表大会常务委员会负责并报告工作。

第四节　中央军事委员会

第九十三条　中华人民共和国中央军事委员会领导全国武装力量。

中央军事委员会由下列人员组成：

主席，

副主席若干人，

委员若干人。

中央军事委员会实行主席负责制。

中央军事委员会每届任期同全国人民代表大会每届任期相同。

第九十四条　中央军事委员会主席对全国人民代表大会和全国人民代表大会常务委员会负责。

第五节　地方各级人民代表大会和地方各级人民政府

第九十五条　省、直辖市、县、市、市辖区、乡、民族乡、镇设立人民代表大会和人民政府。

地方各级人民代表大会和地方各级人民政府的组织由法律规定。

自治区、自治州、自治县设立自治机关。自治机关的组织和工作根据宪法第三章第五节、第六节规定的基本原则由法律规定。

第九十六条 地方各级人民代表大会是地方国家权力机关。

县级以上的地方各级人民代表大会设立常务委员会。

第九十七条 省、直辖市、设区的市的人民代表大会代表由下一级的人民代表大会选举；县、不设区的市、市辖区、乡、民族乡、镇的人民代表大会代表由选民直接选举。

地方各级人民代表大会代表名额和代表产生办法由法律规定。

第九十八条 地方各级人民代表大会每届任期五年。

第九十九条 地方各级人民代表大会在本行政区域内，保证宪法、法律、行政法规的遵守和执行；依照法律规定的权限，通过和发布决议，审查和决定地方的经济建设、文化建设和公共事业建设的计划。

县级以上的地方各级人民代表大会审查和批准本行政区域内的国民经济和社会发展计划、预算以及它们的执行情况的报告；有权改变或者撤销本级人民代表大会常务委员会不适当的决定。

民族乡的人民代表大会可以依照法律规定的权限采取适合民族特点的具体措施。

第一百条 省、直辖市的人民代表大会和它们的常务委员会，在不同宪法、法律、行政法规相抵触的前提下，可以制定地方性法规，报全国人民代表大会常务委员会备案。

设区的市的人民代表大会和它们的常务委员会，在不同宪法、法律、行政法规和本省、自治区的地方性法规相抵触的前提下，可以依照法律规定制定地方性法规，报本省、自治区人民代表大会常务委员会批准后施行。

第一百零一条 地方各级人民代表大会分别选举并且有权罢免本级人民政府的省长和副省长、市长和副市长、县长和副县长、区长和副区长、乡长和副乡长、镇长和副镇长。

县级以上的地方各级人民代表大会选举并且有权罢免本级监察委员会主任、本级人民法院院长和本级人民检察院检察长。选出或者罢免人民检察院检察长，须报上级人民检察院检察长提请该级人民代表大会常务委员会批准。

第一百零二条 省、直辖市、设区的市的人民代表大会代表受原选举单位的监督；县、不设区的市、市辖区、乡、民族乡、镇的人民代表大会代表受选民的监督。

地方各级人民代表大会代表的选举单位和选民有权依照法律规定的程序罢免由他们选出的代表。

第一百零三条 县级以上的地方各级人民代表大会常务委员会由主任、副主任若干人和委员若干人组成，对本级人民代表大会负责并报告工作。

县级以上的地方各级人民代表大会选举并有权罢免本级人民代表大会常务委员会的组成人员。

县级以上的地方各级人民代表大会常务委员会的组成人员不得担任国家行政机关、监察机关、审判机关和检察机关的职务。

第一百零四条 县级以上的地方各级人民代表大会常务委员会讨论、决定本行政区域内各方面工作的重大事项；监督本级人民政府、监察委员会、人民法院和人民检察院的工作；撤销本级人民政府的不适当的决定和命令；撤销下一级人民代表大会的不适当的决议；依照法律规定的权限决定国家机关工作人员的任免；在本级人民代表大会闭会期间，罢免和补选上一级人民代表大会的个别代表。

第一百零五条　地方各级人民政府是地方各级国家权力机关的执行机关，是地方各级国家行政机关。

地方各级人民政府实行省长、市长、县长、区长、乡长、镇长负责制。

第一百零六条　地方各级人民政府每届任期同本级人民代表大会每届任期相同。

第一百零七条　县级以上地方各级人民政府依照法律规定的权限，管理本行政区域内的经济、教育、科学、文化、卫生、体育事业、城乡建设事业和财政、民政、公安、民族事务、司法行政、计划生育等行政工作，发布决定和命令，任免、培训、考核和奖惩行政工作人员。

乡、民族乡、镇的人民政府执行本级人民代表大会的决议和上级国家行政机关的决定和命令，管理本行政区域内的行政工作。

省、直辖市的人民政府决定乡、民族乡、镇的建置和区域划分。

第一百零八条　县级以上的地方各级人民政府领导所属各工作部门和下级人民政府的工作，有权改变或者撤销所属各工作部门和下级人民政府的不适当的决定。

第一百零九条　县级以上的地方各级人民政府设立审计机关。地方各级审计机关依照法律规定独立行使审计监督权，对本级人民政府和上一级审计机关负责。

第一百一十条 地方各级人民政府对本级人民代表大会负责并报告工作。县级以上的地方各级人民政府在本级人民代表大会闭会期间，对本级人民代表大会常务委员会负责并报告工作。

地方各级人民政府对上一级国家行政机关负责并报告工作。全国地方各级人民政府都是国务院统一领导下的国家行政机关，都服从国务院。

第一百一十一条 城市和农村按居民居住地区设立的居民委员会或者村民委员会是基层群众性自治组织。居民委员会、村民委员会的主任、副主任和委员由居民选举。居民委员会、村民委员会同基层政权的相互关系由法律规定。

居民委员会、村民委员会设人民调解、治安保卫、公共卫生等委员会，办理本居住地区的公共事务和公益事业，调解民间纠纷，协助维护社会治安，并且向人民政府反映群众的意见、要求和提出建议。

第六节 民族自治地方的自治机关

第一百一十二条 民族自治地方的自治机关是自治区、自治州、自治县的人民代表大会和人民政府。

第一百一十三条 自治区、自治州、自治县的人民代表大会中，除实行区域自治的民族的代表外，其他居住在本行政区域内的民族也应当有适当名额的代表。

自治区、自治州、自治县的人民代表大会常务委员会中应当有实行区域自治的民族的公民担任主任或者副主任。

第一百一十四条　自治区主席、自治州州长、自治县县长由实行区域自治的民族的公民担任。

第一百一十五条　自治区、自治州、自治县的自治机关行使宪法第三章第五节规定的地方国家机关的职权，同时依照宪法、民族区域自治法和其他法律规定的权限行使自治权，根据本地方实际情况贯彻执行国家的法律、政策。

第一百一十六条　民族自治地方的人民代表大会有权依照当地民族的政治、经济和文化的特点，制定自治条例和单行条例。自治区的自治条例和单行条例，报全国人民代表大会常务委员会批准后生效。自治州、自治县的自治条例和单行条例，报省或者自治区的人民代表大会常务委员会批准后生效，并报全国人民代表大会常务委员会备案。

第一百一十七条　民族自治地方的自治机关有管理地方财政的自治权。凡是依照国家财政体制属于民族自治地方的财政收入，都应当由民族自治地方的自治机关自主地安排使用。

第一百一十八条　民族自治地方的自治机关在国家计划的指导下，自主地安排和管理地方性的经济建设事业。

国家在民族自治地方开发资源、建设企业的时候，应当照顾民族自治地方的利益。

第一百一十九条　民族自治地方的自治机关自主地管理本地方的教育、科学、文化、卫生、体育事业，保护和整理民族的文化遗产，发展和繁荣民族文化。

第一百二十条　民族自治地方的自治机关依照国家的军事制度和当地的实际需要，经国务院批准，可以组织本地方维护社会治安的公安部队。

第一百二十一条 民族自治地方的自治机关在执行职务的时候，依照本民族自治地方自治条例的规定，使用当地通用的一种或者几种语言文字。

第一百二十二条 国家从财政、物资、技术等方面帮助各少数民族加速发展经济建设和文化建设事业。

国家帮助民族自治地方从当地民族中大量培养各级干部、各种专业人才和技术工人。

第七节 监察委员会

第一百二十三条 中华人民共和国各级监察委员会是国家的监察机关。

第一百二十四条 中华人民共和国设立国家监察委员会和地方各级监察委员会。

监察委员会由下列人员组成：

主任，

副主任若干人，

委员若干人。

监察委员会主任每届任期同本级人民代表大会每届任期相同。国家监察委员会主任连续任职不得超过两届。

监察委员会的组织和职权由法律规定。

第一百二十五条 中华人民共和国国家监察委员会是最高监察机关。

国家监察委员会领导地方各级监察委员会的工作，上级监察委员会领导下级监察委员会的工作。

第一百二十六条 国家监察委员会对全国人民代表大会和全国人民代表大会常务委员会负责。地方各级监察委员会对产生它的国家权力机关和上一级监察委员会负责。

第一百二十七条 监察委员会依照法律规定独立行使监察权，不受行政机关、社会团体和个人的干涉。

监察机关办理职务违法和职务犯罪案件，应当与审判机关、检察机关、执法部门互相配合，互相制约。

第八节 人民法院和人民检察院

第一百二十八条 中华人民共和国人民法院是国家的审判机关。

第一百二十九条 中华人民共和国设立最高人民法院、地方各级人民法院和军事法院等专门人民法院。

最高人民法院院长每届任期同全国人民代表大会每届任期相同，连续任职不得超过两届。

人民法院的组织由法律规定。

第一百三十条 人民法院审理案件，除法律规定的特别情况外，一律公开进行。被告人有权获得辩护。

第一百三十一条 人民法院依照法律规定独立行使审判权，不受行政机关、社会团体和个人的干涉。

第一百三十二条 最高人民法院是最高审判机关。

最高人民法院监督地方各级人民法院和专门人民法院的审判工作，上级人民法院监督下级人民法院的审判工作。

第一百三十三条 最高人民法院对全国人民代表大会和全国人民代表大会常务委员会负责。地方各级人民法院对产生它的国家权力机关负责。

第一百三十四条 中华人民共和国人民检察院是国家的法律监督机关。

第一百三十五条 中华人民共和国设立最高人民检察院、地方各级人民检察院和军事检察院等专门人民检察院。

最高人民检察院检察长每届任期同全国人民代表大会每届任期相同，连续任职不得超过两届。

人民检察院的组织由法律规定。

第一百三十六条 人民检察院依照法律规定独立行使检察权，不受行政机关、社会团体和个人的干涉。

第一百三十七条 最高人民检察院是最高检察机关。

最高人民检察院领导地方各级人民检察院和专门人民检察院的工作，上级人民检察院领导下级人民检察院的工作。

第一百三十八条 最高人民检察院对全国人民代表大会和全国人民代表大会常务委员会负责。地方各级人民检察院对产生它的国家权力机关和上级人民检察院负责。

第一百三十九条 各民族公民都有用本民族语言文字进行诉讼的权利。人民法院和人民检察院对于不通晓当地通用的语言文字的诉讼参与人，应当为他们翻译。

在少数民族聚居或者多民族共同居住的地区，应当用当地通用的语言进行审理；起诉书、判决书、布告和其他文书应当根据实际需要使用当地通用的一种或者几种文字。

第一百四十条 人民法院、人民检察院和公安机关办理刑事案件，应当分工负责，互相配合，互相制约，以保证准确有效地执行法律。

第四章 国旗、国歌、国徽、首都

第一百四十一条 中华人民共和国国旗是五星红旗。

中华人民共和国国歌是《义勇军进行曲》。

第一百四十二条 中华人民共和国国徽，中间是五星照耀下的天安门，周围是谷穗和齿轮。

第一百四十三条 中华人民共和国首都是北京。

中华人民共和国主席令

第二十六号

《中华人民共和国香港特别行政区基本法》，包括附件一：《香港特别行政区行政长官的产生办法》，附件二：《香港特别行政区立法会的产生办法和表决程序》，附件三：《在香港特别行政区实施的全国性法律》，以及香港特别行政区区旗、区徽图案，已由中华人民共和国第七届全国人民代表大会第三次会议于 1990 年 4 月 4 日通过，现予公布，自 1997 年 7 月 1 日起实施。

中华人民共和国主席　杨尚昆

1990 年 4 月 4 日

中华人民共和国主席令

第七十五号

《中华人民共和国香港特别行政区基本法附件一香港特别行政区行政长官的产生办法》已由中华人民共和国第十三届全国人民代表大会常务委员会第二十七次会议于2021年3月30日修订通过，现将修订后的《中华人民共和国香港特别行政区基本法附件一香港特别行政区行政长官的产生办法》予以公布，自2021年3月31日起施行。

中华人民共和国主席　习近平

2021年3月30日

中华人民共和国主席令

第七十六号

《中华人民共和国香港特别行政区基本法附件二香港特别行政区立法会的产生办法和表决程序》已由中华人民共和国第十三届全国人民代表大会常务委员会第二十七次会议于 2021 年 3 月 30 日修订通过，现将修订后的《中华人民共和国香港特别行政区基本法附件二香港特别行政区立法会的产生办法和表决程序》予以公布，自 2021 年 3 月 31 日起施行。

中华人民共和国主席　习近平

2021 年 3 月 30 日

中华人民共和国香港特别行政区基本法

（1990 年 4 月 4 日第七届全国人民代表大会第三次会议通过　1990 年 4 月 4 日中华人民共和国主席令第二十六号公布　自 1997 年 7 月 1 日起实施）

目　录

序　言

香港自古以来就是中国的领土，一八四〇年鸦片战争以后被英国占领。一九八四年十二月十九日，中英两国政府签署了关于香港问题的联合声明，确认中华人民共和国政府于一九九七年七月一日恢复对香港行使主权，从而实现了长期以来中国人民收回香港的共同愿望。

为了维护国家的统一和领土完整，保持香港的繁荣和稳定，并考虑到香港的历史和现实情况，国家决定，在对香港恢复行使主权时，根据中华人民共和国宪法第三十一条的规定，设立香港特别行政区，并按照“一个国家，两种制度”的方针，不在香港实行社会主义的制度和政策。国家对香港的基本方针政策，已由中国政府在中英联合声明中予以阐明。

根据中华人民共和国宪法，全国人民代表大会特制定中华人民共和国香港特别行政区基本法，规定香港特别行政区实行的制度，以保障国家对香港的基本方针政策的实施。

第一章　总　则

第一条　香港特别行政区是中华人民共和国不可分离的部分。

第二条　全国人民代表大会授权香港特别行政区依照本法的规定实行高度自治，享有行政管理权、立法权、独立的司法权和终审权。

第三条　香港特别行政区的行政机关和立法机关由香港永久性居民依照本法有关规定组成。

第四条　香港特别行政区依法保障香港特别行政区居民和其他人的权利和自由。

第五条　香港特别行政区不实行社会主义制度和政策，保持原有的资本主义制度和生活方式，五十年不变。

第六条　香港特别行政区依法保护私有财产权。

第七条　香港特别行政区境内的土地和自然资源属于国家所有，由香港特别行政区政府负责管理、使用、开发、出租或批给个人、法人或团体使用或开发，其收入全归香港特别行政区政府支配。

第八条　香港原有法律，即普通法、衡平法、条例、附属立法和习惯法，除同本法相抵触或经香港特别行政区的立法机关作出修改者外，予以保留。

第九条　香港特别行政区的行政机关、立法机关和司法机关，除使用中文外，还可使用英文，英文也是正式语文。

第十条 香港特别行政区除悬挂中华人民共和国国旗和国徽外，还可使用香港特别行政区区旗和区徽。

香港特别行政区的区旗是五星花蕊的紫荆花红旗。

香港特别行政区的区徽，中间是五星花蕊的紫荆花，周围写有“中华人民共和国香港特别行政区”和英文“香港”。

第十一条 根据中华人民共和国宪法第三十一条，香港特别行政区的制度和政策，包括社会、经济制度，有关保障居民的基本权利和自由的制度，行政管理、立法和司法方面的制度，以及有关政策，均以本法的规定为依据。

香港特别行政区立法机关制定的任何法律，均不得同本法相抵触。

第二章 中央和香港特别行政区的关系

第十二条 香港特别行政区是中华人民共和国的一个享有高度自治权的地方行政区域，直辖于中央人民政府。

第十三条 中央人民政府负责管理与香港特别行政区有关的外交事务。

中华人民共和国外交部在香港设立机构处理外交事务。

中央人民政府授权香港特别行政区依照本法自行处理有关的对外事务。

第十四条 中央人民政府负责管理香港特别行政区的防务。

香港特别行政区政府负责维持香港特别行政区的社会治安。

中央人民政府派驻香港特别行政区负责防务的军队不干预香

港特别行政区的地方事务。香港特别行政区政府在必要时，可向中央人民政府请求驻军协助维持社会治安和救助灾害。

驻军人员除须遵守全国性的法律外，还须遵守香港特别行政区的法律。

驻军费用由中央人民政府负担。

第十五条 中央人民政府依照本法第四章的规定任命香港特别行政区行政长官和行政机关的主要官员。

第十六条 香港特别行政区享有行政管理权，依照本法的有关规定自行处理香港特别行政区的行政事务。

第十七条 香港特别行政区享有立法权。

香港特别行政区的立法机关制定的法律须报全国人民代表大会常务委员会备案。备案不影响该法律的生效。

全国人民代表大会常务委员会在征询其所属的香港特别行政区基本法委员会后，如认为香港特别行政区立法机关制定的任何法律不符合本法关于中央管理的事务及中央和香港特别行政区的关系的条款，可将有关法律发回，但不作修改。经全国人民代表大会常务委员会发回的法律立即失效。该法律的失效，除香港特别行政区的法律另有规定外，无溯及力。

第十八条 在香港特别行政区实行的法律为本法以及本法第八条规定的香港原有法律和香港特别行政区立法机关制定的法律。

全国性法律除列于本法附件三者外，不在香港特别行政区实施。凡列于本法附件三之法律，由香港特别行政区在当地公布或立法实施。

全国人民代表大会常务委员会在征询其所属的香港特别行政

区基本法委员会和香港特别行政区政府的意见后，可对列于本法附件三的法律作出增减，任何列入附件三的法律，限于有关国防、外交和其他按本法规定不属于香港特别行政区自治范围的法律。

全国人民代表大会常务委员会决定宣布战争状态或因香港特别行政区内发生香港特别行政区政府不能控制的危及国家统一或安全的动乱而决定香港特别行政区进入紧急状态，中央人民政府可发布命令将有关全国性法律在香港特别行政区实施。

第十九条 香港特别行政区享有独立的司法权和终审权。

香港特别行政区法院除继续保持香港原有法律制度和原则对法院审判权所作的限制外，对香港特别行政区所有的案件均有审判权。

香港特别行政区法院对国防、外交等国家行为无管辖权。香港特别行政区法院在审理案件中遇有涉及国防、外交等国家行为的事实问题，应取得行政长官就该等问题发出的证明文件，上述文件对法院有约束力。行政长官在发出证明文件前，须取得中央人民政府的证明书。

第二十条 香港特别行政区可享有全国人民代表大会和全国人民代表大会常务委员会及中央人民政府授予的其他权力。

第二十一条 香港特别行政区居民中的中国公民依法参与国家事务的管理。

根据全国人民代表大会确定的名额和代表产生办法，由香港特别行政区居民中的中国公民在香港选出香港特别行政区的全国人民代表大会代表，参加最高国家权力机关的工作。

第二十二条 中央人民政府所属各部门、各省、自治区、直辖市均不得干预香港特别行政区根据本法自行管理的事务。

中央各部门、各省、自治区、直辖市如需在香港特别行政区设立机构，须征得香港特别行政区政府同意并经中央人民政府批准。

中央各部门、各省、自治区、直辖市在香港特别行政区设立的一切机构及其人员均须遵守香港特别行政区的法律。

中国其他地区的人进入香港特别行政区须办理批准手续，其中进入香港特别行政区定居的人数由中央人民政府主管部门征求香港特别行政区政府的意见后确定。

香港特别行政区可在北京设立办事机构。

第二十三条　香港特别行政区应自行立法禁止任何叛国、分裂国家、煽动叛乱、颠覆中央人民政府及窃取国家机密的行为，禁止外国的政治性组织或团体在香港特别行政区进行政治活动，禁止香港特别行政区的政治性组织或团体与外国的政治性组织或团体建立联系。

第三章　居民的基本权利和义务

第二十四条　香港特别行政区居民，简称香港居民，包括永久性居民和非永久性居民。

香港特别行政区永久性居民为：

（一）在香港特别行政区成立以前或以后在香港出生的中国公民；

（二）在香港特别行政区成立以前或以后在香港通常居住连续

七年以上的中国公民；

（三）第（一）、（二）两项所列居民在香港以外所生的中国籍子女；

（四）在香港特别行政区成立以前或以后持有效旅行证件进入香港、在香港通常居住连续七年以上并以香港为永久居住地的非中国籍的人；

（五）在香港特别行政区成立以前或以后第（四）项所列居民在香港所生的未满二十一周岁的子女；

（六）第（一）至（五）项所列居民以外在香港特别行政区成立以前只在香港有居留权的人。

以上居民在香港特别行政区享有居留权和有资格依照香港特别行政区法律取得载明其居留权的永久性居民身份证。

香港特别行政区非永久性居民为：有资格依照香港特别行政区法律取得香港居民身份证，但没有居留权的人。

第二十五条　香港居民在法律面前一律平等。

第二十六条　香港特别行政区永久性居民依法享有选举权和被选举权。

第二十七条　香港居民享有言论、新闻、出版的自由，结社、集会、游行、示威的自由，组织和参加工会、罢工的权利和自由。

第二十八条　香港居民的人身自由不受侵犯。

香港居民不受任意或非法逮捕、拘留、监禁。禁止任意或非法搜查居民的身体、剥夺或限制居民的人身自由。禁止对居民施行酷刑、任意或非法剥夺居民的生命。

第二十九条　香港居民的住宅和其他房屋不受侵犯。禁止任意或非法搜查、侵入居民的住宅和其他房屋。

第三十条 香港居民的通讯自由和通讯秘密受法律的保护。除因公共安全和追查刑事犯罪的需要，由有关机关依照法律程序对通讯进行检查外，任何部门或个人不得以任何理由侵犯居民的通讯自由和通讯秘密。

第三十一条 香港居民有在香港特别行政区境内迁徙的自由，有移居其他国家和地区的自由。香港居民有旅行和出入境的自由。有效旅行证件的持有人，除非受到法律制止，可自由离开香港特别行政区，无需特别批准。

第三十二条 香港居民有信仰的自由。

香港居民有宗教信仰的自由，有公开传教和举行、参加宗教活动的自由。

第三十三条 香港居民有选择职业的自由。

第三十四条 香港居民有进行学术研究、文学艺术创作和其他文化活动的自由。

第三十五条 香港居民有权得到秘密法律咨询、向法院提起诉讼、选择律师及时保护自己的合法权益或在法庭上为其代理和获得司法补救。

香港居民有权对行政部门和行政人员的行为向法院提起诉讼。

第三十六条 香港居民有依法享受社会福利的权利。劳工的福利待遇和退休保障受法律保护。

第三十七条 香港居民的婚姻自由和自愿生育的权利受法律保护。

第三十八条 香港居民享有香港特别行政区法律保障的其他

权利和自由。

第三十九条 《公民权利和政治权利国际公约》、《经济、社会与文化权利的国际公约》和国际劳工公约适用于香港的有关规定继续有效，通过香港特别行政区的法律予以实施。

香港居民享有的权利和自由，除依法规定外不得限制，此种限制不得与本条第一款规定抵触。

第四十条 “新界”原居民的合法传统权益受香港特别行政区的保护。

第四十一条 在香港特别行政区境内的香港居民以外的其他人，依法享有本章规定的香港居民的权利和自由。

第四十二条 香港居民和在香港的其他人有遵守香港特别行政区实行的法律的义务。

第四章 政治体制

第一节 行政长官

第四十三条 香港特别行政区行政长官是香港特别行政区的首长，代表香港特别行政区。

香港特别行政区行政长官依照本法的规定对中央人民政府和香港特别行政区负责。

第四十四条 香港特别行政区行政长官由年满四十周岁，在香港通常居住连续满二十年并在外国无居留权的香港特别行政区永久性居民中的中国公民担任。

第四十五条 香港特别行政区行政长官在当地通过选举或协商产生，由中央人民政府任命。

行政长官的产生办法根据香港特别行政区的实际情况和循序渐进的原则而规定，最终达至由一个有广泛代表性的提名委员会按民主程序提名后普选产生的目标。

行政长官产生的具体办法由附件一《香港特别行政区行政长官的产生办法》规定。

第四十六条 香港特别行政区行政长官任期五年，可连任一次。

第四十七条 香港特别行政区行政长官必须廉洁奉公、尽忠职守。

行政长官就任时应向香港特别行政区终审法院首席法官申报财产，记录在案。

第四十八条 香港特别行政区行政长官行使下列职权：

（一）领导香港特别行政区政府；

（二）负责执行本法和依照本法适用于香港特别行政区的其他法律；

（三）签署立法会通过的法案，公布法律；

签署立法会通过的财政预算案，将财政预算、决算报中央人民政府备案；

（四）决定政府政策和发布行政命令；

（五）提名并报请中央人民政府任命下列主要官员：各司司长、副司长，各局局长，廉政专员，审计署署长，警务处处长，入境事务处处长，海关关长；建议中央人民政府免除上述官员职务；

（六）依照法定程序任免各级法院法官；

（七）依照法定程序任免公职人员；

（八）执行中央人民政府就本法规定的有关事务发出的指令；

（九）代表香港特别行政区政府处理中央授权的对外事务和其他事务；

（十）批准向立法会提出有关财政收入或支出的动议；

（十一）根据安全和重大公共利益的考虑，决定政府官员或其他负责政府公务的人员是否向立法会或其属下的委员会作证和提供证据；

（十二）赦免或减轻刑事罪犯的刑罚；

（十三）处理请愿、申诉事项。

第四十九条 香港特别行政区行政长官如认为立法会通过的法案不符合香港特别行政区的整体利益，可在三个月内将法案发回立法会重议，立法会如以不少于全体议员三分之二多数再次通过原案，行政长官必须在一个月内签署公布或按本法第五十条的规定处理。

第五十条 香港特别行政区行政长官如拒绝签署立法会再次通过的法案或立法会拒绝通过政府提出的财政预算案或其他重要法案，经协商仍不能取得一致意见，行政长官可解散立法会。

行政长官在解散立法会前，须征询行政会议的意见。行政长官在其一任任期内只能解散立法会一次。

第五十一条 香港特别行政区立法会如拒绝批准政府提出的财政预算案，行政长官可向立法会申请临时拨款。如果由于立法会已被解散而不能批准拨款，行政长官可在选出新的立法会前的一段时期内，按上一财政年度的开支标准，批准临时短期拨款。

第五十二条 香港特别行政区行政长官如有下列情况之一者必须辞职：

（一）因严重疾病或其他原因无力履行职务；

（二）因两次拒绝签署立法会通过的法案而解散立法会，重选的立法会仍以全体议员三分之二多数通过所争议的原案，而行政长官仍拒绝签署；

（三）因立法会拒绝通过财政预算案或其他重要法案而解散立法会，重选的立法会继续拒绝通过所争议的原案。

第五十三条 香港特别行政区行政长官短期不能履行职务时，由政务司长、财政司长、律政司长依次临时代理其职务。

行政长官缺位时，应在六个月内依本法第四十五条的规定产生新的行政长官。行政长官缺位期间的职务代理，依照上款规定办理。

第五十四条 香港特别行政区行政会议是协助行政长官决策的机构。

第五十五条 香港特别行政区行政会议的成员由行政长官从行政机关的主要官员、立法会议员和社会人士中委任，其任免由行政长官决定。行政会议成员的任期应不超过委任他的行政长官的任期。

香港特别行政区行政会议成员由在外国无居留权的香港特别行政区永久性居民中的中国公民担任。

行政长官认为必要时可邀请有关人士列席会议。

第五十六条 香港特别行政区行政会议由行政长官主持。

行政长官在作出重要决策、向立法会提交法案、制定附属法规和解散立法会前，须征询行政会议的意见，但人事任免、纪律制裁和紧急情况下采取的措施除外。

行政长官如不采纳行政会议多数成员的意见，应将具体理由记录在案。

第五十七条 香港特别行政区设立廉政公署，独立工作，对行政长官负责。

第五十八条 香港特别行政区设立审计署，独立工作，对行政长官负责。

第二节 行政机关

第五十九条 香港特别行政区政府是香港特别行政区行政机关。

第六十条 香港特别行政区政府的首长是香港特别行政区行政长官。

香港特别行政区政府设政务司、财政司、律政司和各局、处、署。

第六十一条 香港特别行政区的主要官员由在香港通常居住连续满十五年并在外国无居留权的香港特别行政区永久性居民中的中国公民担任。

第六十二条 香港特别行政区政府行使下列职权：

（一）制定并执行政策；

（二）管理各项行政事务；

（三）办理本法规定的中央人民政府授权的对外事务；

（四）编制并提出财政预算、决算；

（五）拟定并提出法案、议案、附属法规；

（六）委派官员列席立法会并代表政府发言。

第六十三条 香港特别行政区律政司主管刑事检察工作，不受任何干涉。

第六十四条 香港特别行政区政府必须遵守法律，对香港特别行政区立法会负责：执行立法会通过并已生效的法律；定期向立法会作施政报告；答复立法会议员的质询；征税和公共开支须经立法会批准。

第六十五条 原由行政机关设立咨询组织的制度继续保留。

第三节 立 法 机 关

第六十六条 香港特别行政区立法会是香港特别行政区的立法机关。

第六十七条 香港特别行政区立法会由在外国无居留权的香港特别行政区永久性居民中的中国公民组成。但非中国籍的香港特别行政区永久性居民和在外国有居留权的香港特别行政区永久性居民也可以当选为香港特别行政区立法会议员，其所占比例不得超过立法会全体议员的百分之二十。

第六十八条 香港特别行政区立法会由选举产生。

立法会的产生办法根据香港特别行政区的实际情况和循序渐进的原则而规定，最终达至全部议员由普选产生的目标。

立法会产生的具体办法和法案、议案的表决程序由附件二《香港特别行政区立法会的产生办法和表决程序》规定。

第六十九条 香港特别行政区立法会除第一届任期为两年外，每届任期四年。

第七十条 香港特别行政区立法会如经行政长官依本法规定解散，须于三个月内依本法第六十八条的规定，重行选举产生。

第七十一条 香港特别行政区立法会主席由立法会议员互选产生。

香港特别行政区立法会主席由年满四十周岁，在香港通常居住连续满二十年并在外国无居留权的香港特别行政区永久性居民中的中国公民担任。

第七十二条 香港特别行政区立法会主席行使下列职权：

（一）主持会议；

（二）决定议程，政府提出的议案须优先列入议程；

（三）决定开会时间；

（四）在休会期间可召开特别会议；

（五）应行政长官的要求召开紧急会议；

（六）立法会议事规则所规定的其他职权。

第七十三条 香港特别行政区立法会行使下列职权：

（一）根据本法规定并依照法定程序制定、修改和废除法律；

（二）根据政府的提案，审核、通过财政预算；

（三）批准税收和公共开支；

（四）听取行政长官的施政报告并进行辩论；

（五）对政府的工作提出质询；

（六）就任何有关公共利益问题进行辩论；

（七）同意终审法院法官和高等法院首席法官的任免；

（八）接受香港居民申诉并作出处理；

（九）如立法会全体议员的四分之一联合动议，指控行政长官有严重违法或渎职行为而不辞职，经立法会通过进行调查，立法会可委托终审法院首席法官负责组成独立的调查委员会，并担任主席。调查委员会负责进行调查，并向立法会提出报告。如该调查委员会认为有足够证据构成上述指控，立法会以全体议员三分之二多数通过，可提出弹劾案，报请中央人民政府决定。

（十）在行使上述各项职权时，如有需要，可传召有关人士出席作证和提供证据。

第七十四条 香港特别行政区立法会议员根据本法规定并依照法定程序提出法律草案，凡不涉及公共开支或政治体制或政府运作者，可由立法会议员个别或联名提出。凡涉及政府政策者，在提出前必须得到行政长官的书面同意。

第七十五条 香港特别行政区立法会举行会议的法定人数为不少于全体议员的二分之一。

立法会议事规则由立法会自行制定，但不得与本法相抵触。

第七十六条 香港特别行政区立法会通过的法案，须经行政长官签署、公布，方能生效。

第七十七条 香港特别行政区立法会议员在立法会的会议上发言，不受法律追究。

第七十八条 香港特别行政区立法会议员在出席会议时和赴会途中不受逮捕。

第七十九条 香港特别行政区立法会议员如有下列情况之一，由立法会主席宣告其丧失立法会议员的资格：

（一）因严重疾病或其他情况无力履行职务；

（二）未得到立法会主席的同意，连续三个月不出席会议而无合理解释者；

（三）丧失或放弃香港特别行政区永久性居民的身份；

（四）接受政府的委任而出任公务人员；

（五）破产或经法庭裁定偿还债务而不履行；

（六）在香港特别行政区区内或区外被判犯有刑事罪行，判处监禁一个月以上，并经立法会出席会议的议员三分之二通过解除其职务；

（七）行为不检或违反誓言而经立法会出席会议的议员三分之二通过谴责。

第四节 司法机关

第八十条 香港特别行政区各级法院是香港特别行政区的司法机关，行使香港特别行政区的审判权。

第八十一条 香港特别行政区设立终审法院、高等法院、区域法院、裁判署法庭和其他专门法庭。高等法院设上诉法庭和原讼法庭。

原在香港实行的司法体制，除因设立香港特别行政区终审法院而产生变化外，予以保留。

第八十二条 香港特别行政区的终审权属于香港特别行政区

终审法院。终审法院可根据需要邀请其他普通法适用地区的法官参加审判。

第八十三条 香港特别行政区各级法院的组织和职权由法律规定。

第八十四条 香港特别行政区法院依照本法第十八条所规定的适用于香港特别行政区的法律审判案件，其他普通法适用地区的司法判例可作参考。

第八十五条 香港特别行政区法院独立进行审判，不受任何干涉，司法人员履行审判职责的行为不受法律追究。

第八十六条 原在香港实行的陪审制度的原则予以保留。

第八十七条 香港特别行政区的刑事诉讼和民事诉讼中保留原在香港适用的原则和当事人享有的权利。

任何人在被合法拘捕后，享有尽早接受司法机关公正审判的权利，未经司法机关判罪之前均假定无罪。

第八十八条 香港特别行政区法院的法官，根据当地法官和法律界及其他方面知名人士组成的独立委员会推荐，由行政长官任命。

第八十九条 香港特别行政区法院的法官只有在无力履行职责或行为不检的情况下，行政长官才可根据终审法院首席法官任命的不少于三名当地法官组成的审议庭的建议，予以免职。

香港特别行政区终审法院的首席法官只有在无力履行职责或行为不检的情况下，行政长官才可任命不少于五名当地法官组成的审议庭进行审议，并可根据其建议，依照本法规定的程序，予以免职。

第九十条 香港特别行政区终审法院和高等法院的首席法官，应由在外国无居留权的香港特别行政区永久性居民中的中国公民担任。

除本法第八十八条和第八十九条规定的程序外，香港特别行政区终审法院的法官和高等法院首席法官的任命或免职，还须由行政长官征得立法会同意，并报全国人民代表大会常务委员会备案。

第九十一条 香港特别行政区法官以外的其他司法人员原有的任免制度继续保持。

第九十二条 香港特别行政区的法官和其他司法人员，应根据其本人的司法和专业才能选用，并可从其他普通法适用地区聘用。

第九十三条 香港特别行政区成立前在香港任职的法官和其他司法人员均可留用，其年资予以保留，薪金、津贴、福利待遇和服务条件不低于原来的标准。

对退休或符合规定离职的法官和其他司法人员，包括香港特别行政区成立前已退休或离职者，不论其所属国籍或居住地点，香港特别行政区政府按不低于原来的标准，向他们或其家属支付应得的退休金、酬金、津贴和福利费。

第九十四条 香港特别行政区政府可参照原在香港实行的办法，作出有关当地和外来的律师在香港特别行政区工作和执业的规定。

第九十五条 香港特别行政区可与全国其他地区的司法机关通过协商依法进行司法方面的联系和相互提供协助。

第九十六条 在中央人民政府协助或授权下，香港特别行政区政府可与外国就司法互助关系作出适当安排。

第五节 区域组织

第九十七条 香港特别行政区可设立非政权性的区域组织，接受香港特别行政区政府就有关地区管理和其他事务的咨询，或负责提供文化、康乐、环境卫生等服务。

第九十八条 区域组织的职权和组成方法由法律规定。

第六节 公务人员

第九十九条 在香港特别行政区政府各部门任职的公务人员必须是香港特别行政区永久性居民。本法第一百零一条对外籍公务人员另有规定者或法律规定某一职级以下者不在此限。

公务人员必须尽忠职守，对香港特别行政区政府负责。

第一百条 香港特别行政区成立前在香港政府各部门，包括警察部门任职的公务人员均可留用，其年资予以保留，薪金、津贴、福利待遇和服务条件不低于原来的标准。

第一百零一条 香港特别行政区政府可任用原香港公务人员中的或持有香港特别行政区永久性居民身份证的英籍和其他外籍人士担任政府部门的各级公务人员，但下列各职级的官员必须由在外国无居留权的香港特别行政区永久性居民中的中国公民担任：各司司长、副司长，各局局长，廉政专员，审计署署长，警务处处长，入境事务处处长，海关关长。

香港特别行政区政府还可聘请英籍和其他外籍人士担任政府部门的顾问，必要时并可从香港特别行政区以外聘请合格人员担任政府部门的专门和技术职务。上述外籍人士只能以个人身份受聘，对香港特别行政区政府负责。

第一百零二条 对退休或符合规定离职的公务人员，包括香港特别行政区成立前退休或符合规定离职的公务人员，不论其所属国籍或居住地点，香港特别行政区政府按不低于原来的标准向他们或其家属支付应得的退休金、酬金、津贴和福利费。

第一百零三条 公务人员应根据其本人的资格、经验和才能予以任用和提升，香港原有关于公务人员的招聘、雇用、考核、纪律、培训和管理的制度，包括负责公务人员的任用、薪金、服务条件的专门机构，除有关给予外籍人员特权待遇的规定外，予以保留。

第一百零四条 香港特别行政区行政长官、主要官员、行政会议成员、立法会议员、各级法院法官和其他司法人员在就职时必须依法宣誓拥护中华人民共和国香港特别行政区基本法，效忠中华人民共和国香港特别行政区。

第五章 经 济

第一节 财政、金融、贸易和工商业

第一百零五条 香港特别行政区依法保护私人和法人财产的

取得、使用、处置和继承的权利，以及依法征用私人和法人财产时被征用财产的所有人得到补偿的权利。

征用财产的补偿应相当于该财产当时的实际价值，可自由兑换，不得无故迟延支付。

企业所有权和外来投资均受法律保护。

第一百零六条　香港特别行政区保持财政独立。

香港特别行政区的财政收入全部用于自身需要，不上缴中央人民政府。

中央人民政府不在香港特别行政区征税。

第一百零七条　香港特别行政区的财政预算以量入为出为原则，力求收支平衡，避免赤字，并与本地生产总值的增长率相适应。

第一百零八条　香港特别行政区实行独立的税收制度。

香港特别行政区参照原在香港实行的低税政策，自行立法规定税种、税率、税收宽免和其他税务事项。

第一百零九条　香港特别行政区政府提供适当的经济和法律环境，以保持香港的国际金融中心地位。

第一百一十条　香港特别行政区的货币金融制度由法律规定。

香港特别行政区政府自行制定货币金融政策，保障金融企业和金融市场的经营自由，并依法进行管理和监督。

第一百一十一条　港元为香港特别行政区法定货币，继续流通。

港币的发行权属于香港特别行政区政府。港币的发行须有百分之百的准备金。港币的发行制度和准备金制度，由法律规定。

香港特别行政区政府，在确知港币的发行基础健全和发行安排符合保持港币稳定的目的的条件下，可授权指定银行根据法定权限发行或继续发行港币。

第一百一十二条 香港特别行政区不实行外汇管制政策。港币自由兑换。继续开放外汇、黄金、证券、期货等市场。

香港特别行政区政府保障资金的流动和进出自由。

第一百一十三条 香港特别行政区的外汇基金，由香港特别行政区政府管理和支配，主要用于调节港元汇价。

第一百一十四条 香港特别行政区保持自由港地位，除法律另有规定外，不征收关税。

第一百一十五条 香港特别行政区实行自由贸易政策，保障货物、无形财产和资本的流动自由。

第一百一十六条 香港特别行政区为单独的关税地区。

香港特别行政区可以“中国香港”的名义参加《关税和贸易总协定》、关于国际纺织品贸易安排等有关国际组织和国际贸易协定，包括优惠贸易安排。

香港特别行政区所取得的和以前取得仍继续有效的出口配额、关税优惠和达成的其他类似安排，全由香港特别行政区享有。

第一百一十七条 香港特别行政区根据当时的产地规则，可对产品签发产地来源证。

第一百一十八条 香港特别行政区政府提供经济和法律环境，鼓励各项投资、技术进步并开发新兴产业。

第一百一十九条 香港特别行政区政府制定适当政策，促进和协调制造业、商业、旅游业、房地产业、运输业、公用事业、服务性行业、渔农业等各行业的发展，并注意环境保护。

第二节　土地契约

第一百二十条　香港特别行政区成立以前已批出、决定、或续期的超越一九九七年六月三十日年期的所有土地契约和与土地契约有关的一切权利，均按香港特别行政区的法律继续予以承认和保护。

第一百二十一条　从一九八五年五月二十七日至一九九七年六月三十日期间批出的，或原没有续期权利而获得续期的，超出一九九七年六月三十日年期而不超过二零四七年六月三十日的一切土地契约，承租人从一九九七年七月一日起不补地价，但需每年缴纳相当于当日该土地应课差饷租值百分之三的租金。此后，随应课差饷租值的改变而调整租金。

第一百二十二条　原旧批约地段、乡村屋地、丁屋地和类似的农村土地，如该土地在一九八四年六月三十日的承租人，或在该日以后批出的丁屋地承租人，其父系为一八九八年在香港的原有乡村居民，只要该土地的承租人仍为该人或其合法父系继承人，原定租金维持不变。

第一百二十三条　香港特别行政区成立以后满期而没有续期权利的土地契约，由香港特别行政区自行制定法律和政策处理。

第三节　航　运

第一百二十四条　香港特别行政区保持原在香港实行的航运

经营和管理体制，包括有关海员的管理制度。

香港特别行政区政府自行规定在航运方面的具体职能和责任。

第一百二十五条 香港特别行政区经中央人民政府授权继续进行船舶登记，并根据香港特别行政区的法律以“中国香港”的名义颁发有关证件。

第一百二十六条 除外国军用船只进入香港特别行政区须经中央人民政府特别许可外，其他船舶可根据香港特别行政区法律进出其港口。

第一百二十七条 香港特别行政区的私营航运及与航运有关的企业和私营集装箱码头，可继续自由经营。

第四节 民用航空

第一百二十八条 香港特别行政区政府应提供条件和采取措施，以保持香港的国际和区域航空中心的地位。

第一百二十九条 香港特别行政区继续实行原在香港实行的民用航空管理制度，并按中央人民政府关于飞机国籍标志和登记标志的规定，设置自己的飞机登记册。

外国国家航空器进入香港特别行政区须经中央人民政府特别许可。

第一百三十条 香港特别行政区自行负责民用航空的日常业务和技术管理，包括机场管理，在香港特别行政区飞行情报区内提供空中交通服务，和履行国际民用航空组织的区域性航行规划程序所规定的其他职责。

第一百三十一条 中央人民政府经同香港特别行政区政府磋商作出安排，为在香港特别行政区注册并以香港为主要营业地的航空公司和中华人民共和国的其他航空公司，提供香港特别行政区和中华人民共和国其他地区之间的往返航班。

第一百三十二条 凡涉及中华人民共和国其他地区同其他国家和地区的往返并经停香港特别行政区的航班，和涉及香港特别行政区同其他国家和地区的往返并经停中华人民共和国其他地区航班的民用航空运输协定，由中央人民政府签订。

中央人民政府在签订本条第一款所指民用航空运输协定时，应考虑香港特别行政区的特殊情况和经济利益，并同香港特别行政区政府磋商。

中央人民政府在同外国政府商谈有关本条第一款所指航班的安排时，香港特别行政区政府的代表可作为中华人民共和国政府代表团的成员参加。

第一百三十三条 香港特别行政区政府经中央人民政府具体授权可：

（一）续签或修改原有的民用航空运输协定和协议；

（二）谈判签订新的民用航空运输协定，为在香港特别行政区注册并以香港为主要营业地的航空公司提供航线，以及过境和技术停降权利；

（三）同没有签订民用航空运输协定的外国或地区谈判签订临时协议。

不涉及往返、经停中国内地而只往返、经停香港的定期航班，均由本条所指的民用航空运输协定或临时协议予以规定。

第一百三十四条 中央人民政府授权香港特别行政区政府：

（一）同其他当局商谈并签订有关执行本法第一百三十三条所指民用航空运输协定和临时协议的各项安排；

（二）对在香港特别行政区注册并以香港为主要营业地的航空公司签发执照；

（三）依照本法第一百三十三条所指民用航空运输协定和临时协议指定航空公司；

（四）对外国航空公司除往返、经停中国内地的航班以外的其他航班签发许可证。

第一百三十五条 香港特别行政区成立前在香港注册并以香港为主要营业地的航空公司和与民用航空有关的行业，可继续经营。

第六章 教育、科学、文化、体育、宗教、劳工和社会服务

第一百三十六条 香港特别行政区政府在原有教育制度的基础上，自行制定有关教育的发展和改进的政策，包括教育体制和管理、教学语言、经费分配、考试制度、学位制度和承认学历等政策。

社会团体和私人可依法在香港特别行政区兴办各种教育事业。

第一百三十七条 各类院校均可保留其自主性并享有学术自由，可继续从香港特别行政区以外招聘教职员和选用教材。宗教组织所办的学校可继续提供宗教教育，包括开设宗教课程。

学生享有选择院校和在香港特别行政区以外求学的自由。

第一百三十八条 香港特别行政区政府自行制定发展中西医药和促进医疗卫生服务的政策。社会团体和私人可依法提供各种医疗卫生服务。

第一百三十九条 香港特别行政区政府自行制定科学技术政策，以法律保护科学技术的研究成果、专利和发明创造。

香港特别行政区政府自行确定适用于香港的各类科学、技术标准和规格。

第一百四十条 香港特别行政区政府自行制定文化政策，以法律保护作者在文学艺术创作中所获得的成果和合法权益。

第一百四十一条 香港特别行政区政府不限制宗教信仰自由，不干预宗教组织的内部事务，不限制与香港特别行政区法律没有抵触的宗教活动。

宗教组织依法享有财产的取得、使用、处置、继承以及接受资助的权利。财产方面的原有权益仍予保持和保护。

宗教组织可按原有办法继续兴办宗教院校、其他学校、医院和福利机构以及提供其他社会服务。

香港特别行政区的宗教组织和教徒可与其他地方的宗教组织和教徒保持和发展关系。

第一百四十二条 香港特别行政区政府在保留原有的专业制度的基础上，自行制定有关评审各种专业的执业资格的办法。

在香港特别行政区成立前已取得专业和执业资格者，可依据有关规定和专业守则保留原有的资格。

香港特别行政区政府继续承认在特别行政区成立前已承认的

专业和专业团体，所承认的专业团体可自行审核和颁授专业资格。

香港特别行政区政府可根据社会发展需要并咨询有关方面的意见，承认新的专业和专业团体。

第一百四十三条　香港特别行政区政府自行制定体育政策。民间体育团体可依法继续存在和发展。

第一百四十四条　香港特别行政区政府保持原在香港实行的对教育、医疗卫生、文化、艺术、康乐、体育、社会福利、社会工作等方面的民间团体机构的资助政策。原在香港各资助机构任职的人员均可根据原有制度继续受聘。

第一百四十五条　香港特别行政区政府在原有社会福利制度的基础上，根据经济条件和社会需要，自行制定其发展、改进的政策。

第一百四十六条　香港特别行政区从事社会服务的志愿团体在不抵触法律的情况下可自行决定其服务方式。

第一百四十七条　香港特别行政区自行制定有关劳工的法律和政策。

第一百四十八条　香港特别行政区的教育、科学、技术、文化、艺术、体育、专业、医疗卫生、劳工、社会福利、社会工作等方面的民间团体和宗教组织同内地相应的团体和组织的关系，应以互不隶属、互不干涉和互相尊重的原则为基础。

第一百四十九条　香港特别行政区的教育、科学、技术、文化、艺术、体育、专业、医疗卫生、劳工、社会福利、社会工作等方面的民间团体和宗教组织可同世界各国、各地区及国际的有关团体和组织保持和发展关系，各该团体和组织可根据需要冠用

“中国香港”的名义，参与有关活动。

第七章　对外事务

第一百五十条　香港特别行政区政府的代表，可作为中华人民共和国政府代表团的成员，参加由中央人民政府进行的同香港特别行政区直接有关的外交谈判。

第一百五十一条　香港特别行政区可在经济、贸易、金融、航运、通讯、旅游、文化、体育等领域以“中国香港”的名义，单独地同世界各国、各地区及有关国际组织保持和发展关系，签订和履行有关协议。

第一百五十二条　对以国家为单位参加的、同香港特别行政区有关的、适当领域的国际组织和国际会议，香港特别行政区政府可派遣代表作为中华人民共和国代表团的成员或以中央人民政府和上述有关国际组织或国际会议允许的身份参加，并以“中国香港”的名义发表意见。

香港特别行政区可以“中国香港”的名义参加不以国家为单位参加的国际组织和国际会议。

对中华人民共和国已参加而香港也以某种形式参加了的国际组织，中央人民政府将采取必要措施使香港特别行政区以适当形式继续保持在这些组织中的地位。

对中华人民共和国尚未参加而香港已以某种形式参加的国际组织，中央人民政府将根据需要使香港特别行政区以适当形式继续参加这些组织。

第一百五十三条　中华人民共和国缔结的国际协议，中央人民政府可根据香港特别行政区的情况和需要，在征询香港特别行政区政府的意见后，决定是否适用于香港特别行政区。

中华人民共和国尚未参加但已适用于香港的国际协议仍可继续适用。中央人民政府根据需要授权或协助香港特别行政区政府作出适当安排，使其他有关国际协议适用于香港特别行政区。

第一百五十四条　中央人民政府授权香港特别行政区政府依照法律给持有香港特别行政区永久性居民身份证的中国公民签发中华人民共和国香港特别行政区护照，给在香港特别行政区的其他合法居留者签发中华人民共和国香港特别行政区的其他旅行证件。上述护照和证件，前往各国和各地区有效，并载明持有人有返回香港特别行政区的权利。

对世界各国或各地区的人入境、逗留和离境，香港特别行政区政府可实行出入境管制。

第一百五十五条　中央人民政府协助或授权香港特别行政区政府与各国或各地区缔结互免签证协议。

第一百五十六条　香港特别行政区可根据需要在外国设立官方或半官方的经济和贸易机构，报中央人民政府备案。

第一百五十七条　外国在香港特别行政区设立领事机构或其他官方、半官方机构，须经中央人民政府批准。

已同中华人民共和国建立正式外交关系的国家在香港设立的领事机构和其他官方机构，可予保留。

尚未同中华人民共和国建立正式外交关系的国家在香港设立的领事机构和其他官方机构，可根据情况允许保留或改为半官方机构。

尚未为中华人民共和国承认的国家，只能在香港特别行政区设立民间机构。

第八章　本法的解释和修改

第一百五十八条　本法的解释权属于全国人民代表大会常务委员会。

全国人民代表大会常务委员会授权香港特别行政区法院在审理案件时对本法关于香港特别行政区自治范围内的条款自行解释。

香港特别行政区法院在审理案件时对本法的其他条款也可解释。但如香港特别行政区法院在审理案件时需要对本法关于中央人民政府管理的事务或中央和香港特别行政区关系的条款进行解释，而该条款的解释又影响到案件的判决，在对该案件作出不可上诉的终局判决前，应由香港特别行政区终审法院请全国人民代表大会常务委员会对有关条款作出解释。如全国人民代表大会常务委员会作出解释，香港特别行政区法院在引用该条款时，应以全国人民代表大会常务委员会的解释为准。但在此以前作出的判决不受影响。

全国人民代表大会常务委员会在对本法进行解释前，征询其所属的香港特别行政区基本法委员会的意见。

第一百五十九条　本法的修改权属于全国人民代表大会。

本法的修改提案权属于全国人民代表大会常务委员会、国务院和香港特别行政区。香港特别行政区的修改议案，须经香港特别行政区的全国人民代表大会代表三分之二多数、香港特别行政区立法会全体议员三分之二多数和香港特别行政区行政长官同意后，交由香港特别行政区出席全国人民代表大会的代表团向全国人民代表大会提出。

本法的修改议案在列入全国人民代表大会的议程前，先由香港特别行政区基本法委员会研究并提出意见。

本法的任何修改，均不得同中华人民共和国对香港既定的基本方针政策相抵触。

第九章　附　则

第一百六十条　香港特别行政区成立时，香港原有法律除由全国人民代表大会常务委员会宣布为同本法抵触者外，采用为香港特别行政区法律，如以后发现有的法律与本法抵触，可依照本法规定的程序修改或停止生效。

在香港原有法律下有效的文件、证件、契约和权利义务，在不抵触本法的前提下继续有效，受香港特别行政区的承认和保护。

附件一

香港特别行政区行政长官的产生办法

（1990 年 4 月 4 日第七届全国人民代表大会第三次会议通过　2010 年 8 月 28 日第十一届全国人民代表大会常务委员会第十六次会议批准修正　2021 年 3 月 30 日第十三届全国人民代表大会常务委员会第二十七次会议修订）

一、行政长官由一个具有广泛代表性、符合香港特别行政区实际情况、体现社会整体利益的选举委员会根据本法选出，由中央人民政府任命。

二、选举委员会委员共 1500 人，由下列各界人士组成：

第一界别：工商、金融界	300 人
第二界别：专业界	300 人
第三界别：基层、劳工和宗教等界	300 人
第四界别：立法会议员、地区组织代表等界	300 人
第五界别：香港特别行政区全国人大代表、香港特别行政区全国政协委员和有关全国性团体香港成员的代表界	300 人

选举委员会委员必须由香港特别行政区永久性居民担任。

选举委员会每届任期五年。

三、选举委员会各个界别的划分及名额如下：

第一界别设十八个界别分组：工业界（第一）（17 席）、工业界（第二）（17 席）、纺织及制衣界（17 席）、商界（第一）（17 席）、商界（第二）（17 席）、商界（第三）（17 席）、金融界

（17席）、金融服务界（17席）、保险界（17席）、地产及建造界（17席）、航运交通界（17席）、进出口界（17席）、旅游界（17席）、酒店界（16席）、饮食界（16席）、批发及零售界（17席）、香港雇主联合会（15席）、中小企业界（15席）。

第二界别设十个界别分组：科技创新界（30席）、工程界（30席）、建筑测量都市规划及园境界（30席）、会计界（30席）、法律界（30席）、教育界（30席）、体育演艺文化及出版界（30席）、医学及卫生服务界（30席）、中医界（30席）、社会福利界（30席）。

第三界别设五个界别分组：渔农界（60席）、劳工界（60席）、基层社团（60席）、同乡社团（60席）、宗教界（60席）。

第四界别设五个界别分组：立法会议员（90席）、乡议局（27席）、港九分区委员会及地区扑灭罪行委员会、地区防火委员会委员的代表（76席）、"新界"分区委员会及地区扑灭罪行委员会、地区防火委员会委员的代表（80席）、内地港人团体的代表（27席）。

第五界别设两个界别分组：香港特别行政区全国人大代表和香港特别行政区全国政协委员（190席）、有关全国性团体香港成员的代表（110席）。

四、选举委员会以下列方式产生：

（一）香港特别行政区全国人大代表、香港特别行政区全国政协委员、全国人民代表大会常务委员会香港特别行政区基本法委员会香港委员、立法会议员、大学校长或者学校董事会或者校务委员会主席，以及工程界（15席）、建筑测量都市规划及园境界

（15席）、教育界（5席）、医学及卫生服务界（15席）、社会福利界（15席）等界别分组的法定机构、咨询组织及相关团体负责人，是相应界别分组的选举委员会委员。

除第五界别外，香港特别行政区全国人大代表和香港特别行政区全国政协委员也可以在其有密切联系的选举委员会其他界别分组登记为委员。如果香港特别行政区全国人大代表或者香港特别行政区全国政协委员登记为选举委员会其他界别分组的委员，则其计入相应界别分组的名额，该界别分组按照本款第三项规定产生的选举委员会委员的名额相应减少。香港特别行政区全国人大代表和香港特别行政区全国政协委员登记为选举委员会有关界别分组的委员后，在该届选举委员会任期内，根据上述规定确定的选举委员会各界别分组按照本款第一、二、三项规定产生的委员的名额维持不变。

（二）宗教界界别分组的选举委员会委员由提名产生；科技创新界界别分组的部分委员（15席）在中国科学院、中国工程院香港院士中提名产生；会计界界别分组的部分委员（15席）在国家财政部聘任的香港会计咨询专家中提名产生；法律界界别分组的部分委员（9席）在中国法学会香港理事中提名产生；体育演艺文化及出版界界别分组的部分委员（15席）由中国香港体育协会暨奥林匹克委员会、中国文学艺术界联合会香港会员总会和香港出版总会分别提名产生；中医界界别分组的部分委员（15席）在世界中医药学会联合会香港理事中提名产生；内地港人团体的代表界别分组的委员（27席）由各内地港人团体提名产生。

（三）除本款第一、二项规定的选举委员会委员外，其他委员由相应界别分组的合资格团体选民选出。各界别分组的合资格团体选民由法律规定的具有代表性的机构、组织、团体或企业构成。除香港特别行政区选举法列明者外，有关团体和企业须获得其所在界别分组相应资格后持续运作三年以上方可成为该界别分组选民。第四界别的乡议局、港九分区委员会及地区扑灭罪行委员会、地区防火委员会委员的代表、“新界”分区委员会及地区扑灭罪行委员会、地区防火委员会委员的代表和第五界别的有关全国性团体香港成员的代表等界别分组的选举委员会委员，可由个人选民选出。选举委员会委员候选人须获得其所在界别分组 5 个选民的提名。每个选民可提名不超过其所在界别分组选举委员会委员名额的候选人。选举委员会各界别分组选民根据提名的名单，以无记名投票选举产生该界别分组的选举委员会委员。

上款规定涉及的选举委员会委员的具体产生办法，包括有关界别分组的法定机构、咨询组织、相关团体和合资格团体选民的界定、候选人提名办法、投票办法等，由香港特别行政区以选举法规定。

五、选举委员会设召集人制度，负责必要时召集选举委员会会议，办理有关事宜。总召集人由担任国家领导职务的选举委员会委员担任，总召集人在选举委员会每个界别各指定若干名召集人。

六、行政长官候选人须获得不少于 188 名选举委员会委员的提名，且上述五个界别中每个界别参与提名的委员须不少于 15 名。每名选举委员会委员只可提出一名候选人。

七、选举委员会根据提名的名单，经一人一票无记名投票选出行政长官候任人，行政长官候任人须获得超过 750 票。具体选举办法由香港特别行政区以选举法规定。

八、香港特别行政区候选人资格审查委员会负责审查并确认选举委员会委员候选人和行政长官候选人的资格。香港特别行政区维护国家安全委员会根据香港特别行政区政府警务处维护国家安全部门的审查情况，就选举委员会委员候选人和行政长官候选人是否符合拥护中华人民共和国香港特别行政区基本法、效忠中华人民共和国香港特别行政区的法定要求和条件作出判断，并就不符合上述法定要求和条件者向香港特别行政区候选人资格审查委员会出具审查意见书。

对香港特别行政区候选人资格审查委员会根据香港特别行政区维护国家安全委员会的审查意见书作出的选举委员会委员候选人和行政长官候选人资格确认的决定，不得提起诉讼。

九、香港特别行政区应当采取措施，依法规管操纵、破坏选举的行为。

十、全国人民代表大会常务委员会依法行使本办法的修改权。全国人民代表大会常务委员会作出修改前，以适当形式听取香港社会各界意见。

十一、依据本办法产生的选举委员会任期开始时，依据原办法产生的选举委员会任期即告终止。

十二、本办法自 2021 年 3 月 31 日起施行。原附件一及有关修正案不再施行。

附件二

香港特别行政区立法会的产生办法和表决程序

（1990 年 4 月 4 日第七届全国人民代表大会第三次会议通过　2010 年 8 月 28 日第十一届全国人民代表大会常务委员会第十六次会议备案修正　2021 年 3 月 30 日第十三届全国人民代表大会常务委员会第二十七次会议修订）

一、香港特别行政区立法会议员每届 90 人，组成如下：

选举委员会选举的议员	40 人
功能团体选举的议员	30 人
分区直接选举的议员	20 人

上述选举委员会即本法附件一规定的选举委员会。

二、选举委员会选举的议员候选人须获得不少于 10 名、不多于 20 名选举委员会委员的提名，且每个界别参与提名的委员不少于 2 名、不多于 4 名。任何合资格选民均可被提名为候选人。每名选举委员会委员只可提出一名候选人。

选举委员会根据提名的名单进行无记名投票，每一选票所选的人数等于应选议员名额的有效，得票多的 40 名候选人当选。

三、功能团体选举设以下二十八个界别：渔农界、乡议局、工业界（第一）、工业界（第二）、纺织及制衣界、商界（第一）、商界（第二）、商界（第三）、金融界、金融服务界、保险界、地产及建造界、航运交通界、进出口界、旅游界、饮食界、批发及零售界、科技创新界、工程界、建筑测量都市规划及园境界、会计界、法律界、教育界、体育演艺文化及出版界、医疗卫生界、社会福利界、劳工界、香港特别行政区全国人大代表香港特别行政区全国政协委员及有关全国性团体代表界。其中，劳工界选举产生三名议员，其他界别各选举产生一名议员。

乡议局、工程界、建筑测量都市规划及园境界、会计界、法律界、教育界、医疗卫生界、社会福利界、香港特别行政区全国人大代表香港特别行政区全国政协委员及有关全国性团体代表界等界别的议员，由个人选民选出。其他界别的议员由合资格团体选民选举产生，各界别的合资格团体选民由法律规定的具有代表性的机构、组织、团体或企业构成。除香港特别行政区选举法列明者外，有关团体和企业须获得其所在界别相应资格后持续运作三年以上方可成为该界别选民。

候选人须获得所在界别不少于 10 个、不多于 20 个选民和选举委员会每个界别不少于 2 名、不多于 4 名委员的提名。每名选举委员会委员在功能团体选举中只可提出一名候选人。

各界别选民根据提名的名单，以无记名投票选举产生该界别立法会议员。

各界别有关法定团体的划分、合资格团体选民的界定、选举办法由香港特别行政区以选举法规定。

四、分区直接选举设立十个选区，每个选区选举产生两名议员。

候选人须获得所在选区不少于 100 个、不多于 200 个选民和选举委员会每个界别不少于 2 名、不多于 4 名委员的提名。每名选举委员会委员在分区直接选举中只可提出一名候选人。

选民根据提名的名单以无记名投票选择一名候选人，得票多的两名候选人当选。

选区划分、投票办法由香港特别行政区以选举法规定。

五、香港特别行政区候选人资格审查委员会负责审查并确认立法会议员候选人的资格。香港特别行政区维护国家安全委员会根据香港特别行政区政府警务处维护国家安全部门的审查情况，就立法会议员候选人是否符合拥护中华人民共和国香港特别行政区基本法、效忠中华人民共和国香港特别行政区的法定要求和条件作出判断，并就不符合上述法定要求和条件者向香港特别行政区候选人资格审查委员会出具审查意见书。

对香港特别行政区候选人资格审查委员会根据香港特别行政区维护国家安全委员会的审查意见书作出的立法会议员候选人资格确认的决定，不得提起诉讼。

六、香港特别行政区应当采取措施，依法规管操纵、破坏选举的行为。

七、除本法另有规定外，香港特别行政区立法会对法案和议案的表决采取下列程序：

政府提出的法案，如获得出席会议的全体议员的过半数票，即为通过。

立法会议员个人提出的议案、法案和对政府法案的修正案均须分别经选举委员会选举产生的议员和功能团体选举、分区直接选举产生的议员两部分出席会议议员各过半数通过。

八、全国人民代表大会常务委员会依法行使本办法和法案、议案的表决程序的修改权。全国人民代表大会常务委员会作出修改前，以适当形式听取香港社会各界意见。

九、本办法和法案、议案的表决程序自 2021 年 3 月 31 日起施行。原附件二及有关修正案不再施行。

附件三

在香港特别行政区实施的全国性法律

下列全国性法律，自一九九七年七月一日起由香港特别行政区在当地公布或立法实施。

一、《关于中华人民共和国国都、纪年、国歌、国旗的决议》

二、《关于中华人民共和国国庆日的决议》

三、《中央人民政府公布中华人民共和国国徽的命令》附：国徽图案、说明、使用办法

四、《中华人民共和国政府关于领海的声明》

五、《中华人民共和国国籍法》

六、《中华人民共和国外交特权与豁免条例》

香港特别行政区区旗图案

香港特别行政区区徽图案

中华人民共和国主席令

第四十九号

《中华人民共和国香港特别行政区维护国家安全法》已由中华人民共和国第十三届全国人民代表大会常务委员会第二十次会议于2020年6月30日通过，现予公布，自公布之日起施行。

中华人民共和国主席　习近平

2020年6月30日

中华人民共和国香港特别行政区维护国家安全法

（2020年6月30日第十三届全国人民代表大会常务委员会第二十次会议通过　2020年6月30日中华人民共和国主席令第四十九号公布）

目　录

第一章　总　则

第一条　为坚定不移并全面准确贯彻"一国两制"、"港人治港"、高度自治的方针，维护国家安全，防范、制止和惩治与香港特别行政区有关的分裂国家、颠覆国家政权、组织实施恐怖活动和勾结外国或者境外势力危害国家安全等犯罪，保持香港特别行政区的繁荣和稳定，保障香港特别行政区居民的合法权益，根据中华人民共和国宪法、中华人民共和国香港特别行政区基本法和全国人民代表大会关于建立健全香港特别行政区维护国家安全的法律制度和执行机制的决定，制定本法。

第二条　关于香港特别行政区法律地位的香港特别行政区基本法第一条和第十二条规定是香港特别行政区基本法的根本性条款。香港特别行政区任何机构、组织和个人行使权利和自由，不得违背香港特别行政区基本法第一条和第十二条的规定。

第三条　中央人民政府对香港特别行政区有关的国家安全事务负有根本责任。

香港特别行政区负有维护国家安全的宪制责任，应当履行维护国家安全的职责。

香港特别行政区行政机关、立法机关、司法机关应当依据本法和其他有关法律规定有效防范、制止和惩治危害国家安全的行为和活动。

第四条　香港特别行政区维护国家安全应当尊重和保障人权，依法保护香港特别行政区居民根据香港特别行政区基本法和《公民权利和政治权利国际公约》、《经济、社会与文化权利的国际公约》适用于香港的有关规定享有的包括言论、新闻、出版的自由，结社、集会、游行、示威的自由在内的权利和自由。

第五条 防范、制止和惩治危害国家安全犯罪，应当坚持法治原则。法律规定为犯罪行为的，依照法律定罪处刑；法律没有规定为犯罪行为的，不得定罪处刑。

任何人未经司法机关判罪之前均假定无罪。保障犯罪嫌疑人、被告人和其他诉讼参与人依法享有的辩护权和其他诉讼权利。任何人已经司法程序被最终确定有罪或者宣告无罪的，不得就同一行为再予审判或者惩罚。

第六条 维护国家主权、统一和领土完整是包括香港同胞在内的全中国人民的共同义务。

在香港特别行政区的任何机构、组织和个人都应当遵守本法和香港特别行政区有关维护国家安全的其他法律，不得从事危害国家安全的行为和活动。

香港特别行政区居民在参选或者就任公职时应当依法签署文件确认或者宣誓拥护中华人民共和国香港特别行政区基本法，效忠中华人民共和国香港特别行政区。

第二章 香港特别行政区维护国家安全的职责和机构

第一节 职 责

第七条 香港特别行政区应当尽早完成香港特别行政区基本

法规定的维护国家安全立法，完善相关法律。

第八条 香港特别行政区执法、司法机关应当切实执行本法和香港特别行政区现行法律有关防范、制止和惩治危害国家安全行为和活动的规定，有效维护国家安全。

第九条 香港特别行政区应当加强维护国家安全和防范恐怖活动的工作。对学校、社会团体、媒体、网络等涉及国家安全的事宜，香港特别行政区政府应当采取必要措施，加强宣传、指导、监督和管理。

第十条 香港特别行政区应当通过学校、社会团体、媒体、网络等开展国家安全教育，提高香港特别行政区居民的国家安全意识和守法意识。

第十一条 香港特别行政区行政长官应当就香港特别行政区维护国家安全事务向中央人民政府负责，并就香港特别行政区履行维护国家安全职责的情况提交年度报告。

如中央人民政府提出要求，行政长官应当就维护国家安全特定事项及时提交报告。

第二节 机 构

第十二条 香港特别行政区设立维护国家安全委员会，负责香港特别行政区维护国家安全事务，承担维护国家安全的主要责任，并接受中央人民政府的监督和问责。

第十三条 香港特别行政区维护国家安全委员会由行政长官担任主席，成员包括政务司长、财政司长、律政司长、保安局局长、警务处处长、本法第十六条规定的警务处维护国家安全部门的负责人、入境事务处处长、海关关长和行政长官办公室主任。

香港特别行政区维护国家安全委员会下设秘书处，由秘书长领导。秘书长由行政长官提名，报中央人民政府任命。

第十四条 香港特别行政区维护国家安全委员会的职责为：

（一）分析研判香港特别行政区维护国家安全形势，规划有关工作，制定香港特别行政区维护国家安全政策；

（二）推进香港特别行政区维护国家安全的法律制度和执行机制建设；

（三）协调香港特别行政区维护国家安全的重点工作和重大行动。

香港特别行政区维护国家安全委员会的工作不受香港特别行政区任何其他机构、组织和个人的干涉，工作信息不予公开。香港特别行政区维护国家安全委员会作出的决定不受司法复核。

第十五条 香港特别行政区维护国家安全委员会设立国家安全事务顾问，由中央人民政府指派，就香港特别行政区维护国家安全委员会履行职责相关事务提供意见。国家安全事务顾问列席香港特别行政区维护国家安全委员会会议。

第十六条 香港特别行政区政府警务处设立维护国家安全的部门，配备执法力量。

警务处维护国家安全部门负责人由行政长官任命，行政长官任命前须书面征求本法第四十八条规定的机构的意见。警务处维护国家安全部门负责人在就职时应当宣誓拥护中华人民共和国香港特别行政区基本法，效忠中华人民共和国香港特别行政区，遵守法律，保守秘密。

警务处维护国家安全部门可以从香港特别行政区以外聘请合格的专门人员和技术人员，协助执行维护国家安全相关任务。

第十七条 警务处维护国家安全部门的职责为：

（一）收集分析涉及国家安全的情报信息；

（二）部署、协调、推进维护国家安全的措施和行动；

（三）调查危害国家安全犯罪案件；

（四）进行反干预调查和开展国家安全审查；

（五）承办香港特别行政区维护国家安全委员会交办的维护国家安全工作；

（六）执行本法所需的其他职责。

第十八条 香港特别行政区律政司设立专门的国家安全犯罪案件检控部门，负责危害国家安全犯罪案件的检控工作和其他相关法律事务。该部门检控官由律政司长征得香港特别行政区维护国家安全委员会同意后任命。

律政司国家安全犯罪案件检控部门负责人由行政长官任命，行政长官任命前须书面征求本法第四十八条规定的机构的意见。律政司国家安全犯罪案件检控部门负责人在就职时应当宣誓拥护中华人民共和国香港特别行政区基本法，效忠中华人民共和国香港特别行政区，遵守法律，保守秘密。

第十九条 经行政长官批准，香港特别行政区政府财政司长应当从政府一般收入中拨出专门款项支付关于维护国家安全的开支并核准所涉及的人员编制，不受香港特别行政区现行有关法律规定的限制。财政司长须每年就该款项的控制和管理向立法会提交报告。

第三章　罪行和处罚

第一节　分裂国家罪

第二十条　任何人组织、策划、实施或者参与实施以下旨在分裂国家、破坏国家统一行为之一的，不论是否使用武力或者以武力相威胁，即属犯罪：

（一）将香港特别行政区或者中华人民共和国其他任何部分从中华人民共和国分离出去；

（二）非法改变香港特别行政区或者中华人民共和国其他任何部分的法律地位；

（三）将香港特别行政区或者中华人民共和国其他任何部分转归外国统治。

犯前款罪，对首要分子或者罪行重大的，处无期徒刑或者十年以上有期徒刑；对积极参加的，处三年以上十年以下有期徒刑；对其他参加的，处三年以下有期徒刑、拘役或者管制。

第二十一条　任何人煽动、协助、教唆、以金钱或者其他财物资助他人实施本法第二十条规定的犯罪的，即属犯罪。情节严重的，处五年以上十年以下有期徒刑；情节较轻的，处五年以下有期徒刑、拘役或者管制。

第二节　颠覆国家政权罪

第二十二条　任何人组织、策划、实施或者参与实施以下以武力、威胁使用武力或者其他非法手段旨在颠覆国家政权行为之一的，即属犯罪：

（一）推翻、破坏中华人民共和国宪法所确立的中华人民共和国根本制度；

（二）推翻中华人民共和国中央政权机关或者香港特别行政区政权机关；

（三）严重干扰、阻挠、破坏中华人民共和国中央政权机关或者香港特别行政区政权机关依法履行职能；

（四）攻击、破坏香港特别行政区政权机关履职场所及其设施，致使其无法正常履行职能。

犯前款罪，对首要分子或者罪行重大的，处无期徒刑或者十年以上有期徒刑；对积极参加的，处三年以上十年以下有期徒刑；对其他参加的，处三年以下有期徒刑、拘役或者管制。

第二十三条 任何人煽动、协助、教唆、以金钱或者其他财物资助他人实施本法第二十二条规定的犯罪的，即属犯罪。情节严重的，处五年以上十年以下有期徒刑；情节较轻的，处五年以下有期徒刑、拘役或者管制。

第三节 恐怖活动罪

第二十四条 为胁迫中央人民政府、香港特别行政区政府或者国际组织或者威吓公众以图实现政治主张，组织、策划、实施、参与实施或者威胁实施以下造成或者意图造成严重社会危害的恐怖活动之一的，即属犯罪：

（一）针对人的严重暴力；

（二）爆炸、纵火或者投放毒害性、放射性、传染病病原体等物质；

（三）破坏交通工具、交通设施、电力设备、燃气设备或者其他易燃易爆设备；

（四）严重干扰、破坏水、电、燃气、交通、通讯、网络等公共服务和管理的电子控制系统；

（五）以其他危险方法严重危害公众健康或者安全。

犯前款罪，致人重伤、死亡或者使公私财产遭受重大损失的，处无期徒刑或者十年以上有期徒刑；其他情形，处三年以上十年以下有期徒刑。

第二十五条　组织、领导恐怖活动组织的，即属犯罪，处无期徒刑或者十年以上有期徒刑，并处没收财产；积极参加的，处三年以上十年以下有期徒刑，并处罚金；其他参加的，处三年以下有期徒刑、拘役或者管制，可以并处罚金。

本法所指的恐怖活动组织，是指实施或者意图实施本法第二十四条规定的恐怖活动罪行或者参与或者协助实施本法第二十四条规定的恐怖活动罪行的组织。

第二十六条　为恐怖活动组织、恐怖活动人员、恐怖活动实施提供培训、武器、信息、资金、物资、劳务、运输、技术或者场所等支持、协助、便利，或者制造、非法管有爆炸性、毒害性、放射性、传染病病原体等物质以及以其他形式准备实施恐怖活动的，即属犯罪。情节严重的，处五年以上十年以下有期徒刑，并处罚金或者没收财产；其他情形，处五年以下有期徒刑、拘役或者管制，并处罚金。

有前款行为，同时构成其他犯罪的，依照处罚较重的规定定罪处罚。

第二十七条 宣扬恐怖主义、煽动实施恐怖活动的，即属犯罪。情节严重的，处五年以上十年以下有期徒刑，并处罚金或者没收财产；其他情形，处五年以下有期徒刑、拘役或者管制，并处罚金。

第二十八条 本节规定不影响依据香港特别行政区法律对其他形式的恐怖活动犯罪追究刑事责任并采取冻结财产等措施。

第四节 勾结外国或者境外势力危害国家安全罪

第二十九条 为外国或者境外机构、组织、人员窃取、刺探、收买、非法提供涉及国家安全的国家秘密或者情报的；请求外国或者境外机构、组织、人员实施，与外国或者境外机构、组织、人员串谋实施，或者直接或者间接接受外国或者境外机构、组织、人员的指使、控制、资助或者其他形式的支援实施以下行为之一的，均属犯罪：

（一）对中华人民共和国发动战争，或者以武力或者武力相威胁，对中华人民共和国主权、统一和领土完整造成严重危害；

（二）对香港特别行政区政府或者中央人民政府制定和执行法律、政策进行严重阻挠并可能造成严重后果；

（三）对香港特别行政区选举进行操控、破坏并可能造成严重后果；

（四）对香港特别行政区或者中华人民共和国进行制裁、封锁或者采取其他敌对行动；

（五）通过各种非法方式引发香港特别行政区居民对中央人民政府或者香港特别行政区政府的憎恨并可能造成严重后果。

犯前款罪，处三年以上十年以下有期徒刑；罪行重大的，处无期徒刑或者十年以上有期徒刑。

本条第一款规定涉及的境外机构、组织、人员，按共同犯罪定罪处刑。

第三十条 为实施本法第二十条、第二十二条规定的犯罪，与外国或者境外机构、组织、人员串谋，或者直接或者间接接受外国或者境外机构、组织、人员的指使、控制、资助或者其他形式的支援的，依照本法第二十条、第二十二条的规定从重处罚。

第五节 其他处罚规定

第三十一条 公司、团体等法人或者非法人组织实施本法规定的犯罪的，对该组织判处罚金。

公司、团体等法人或者非法人组织因犯本法规定的罪行受到刑事处罚的，应责令其暂停运作或者吊销其执照或者营业许可证。

第三十二条 因实施本法规定的犯罪而获得的资助、收益、报酬等违法所得以及用于或者意图用于犯罪的资金和工具，应当予以追缴、没收。

第三十三条 有以下情形的，对有关犯罪行为人、犯罪嫌疑人、被告人可以从轻、减轻处罚；犯罪较轻的，可以免除处罚：

（一）在犯罪过程中，自动放弃犯罪或者自动有效地防止犯罪结果发生的；

（二）自动投案，如实供述自己的罪行的；

（三）揭发他人犯罪行为，查证属实，或者提供重要线索得以侦破其他案件的。

被采取强制措施的犯罪嫌疑人、被告人如实供述执法、司法机关未掌握的本人犯有本法规定的其他罪行的，按前款第二项规定处理。

第三十四条 不具有香港特别行政区永久性居民身份的人实施本法规定的犯罪的，可以独立适用或者附加适用驱逐出境。

不具有香港特别行政区永久性居民身份的人违反本法规定，因任何原因不对其追究刑事责任的，也可以驱逐出境。

第三十五条 任何人经法院判决犯危害国家安全罪行的，即丧失作为候选人参加香港特别行政区举行的立法会、区议会选举或者出任香港特别行政区任何公职或者行政长官选举委员会委员的资格；曾经宣誓或者声明拥护中华人民共和国香港特别行政区基本法、效忠中华人民共和国香港特别行政区的立法会议员、政府官员及公务人员、行政会议成员、法官及其他司法人员、区议员，即时丧失该等职务，并丧失参选或者出任上述职务的资格。

前款规定资格或者职务的丧失，由负责组织、管理有关选举或者公职任免的机构宣布。

第六节 效力范围

第三十六条 任何人在香港特别行政区内实施本法规定的犯

罪的，适用本法。犯罪的行为或者结果有一项发生在香港特别行政区内的，就认为是在香港特别行政区内犯罪。

在香港特别行政区注册的船舶或者航空器内实施本法规定的犯罪的，也适用本法。

第三十七条 香港特别行政区永久性居民或者在香港特别行政区成立的公司、团体等法人或者非法人组织在香港特别行政区以外实施本法规定的犯罪的，适用本法。

第三十八条 不具有香港特别行政区永久性居民身份的人在香港特别行政区以外针对香港特别行政区实施本法规定的犯罪的，适用本法。

第三十九条 本法施行以后的行为，适用本法定罪处刑。

第四章 案件管辖、法律适用和程序

第四十条 香港特别行政区对本法规定的犯罪案件行使管辖权，但本法第五十五条规定的情形除外。

第四十一条 香港特别行政区管辖危害国家安全犯罪案件的立案侦查、检控、审判和刑罚的执行等诉讼程序事宜，适用本法和香港特别行政区本地法律。

未经律政司长书面同意，任何人不得就危害国家安全犯罪案件提出检控。但该规定不影响就有关犯罪依法逮捕犯罪嫌疑人并将其羁押，也不影响该等犯罪嫌疑人申请保释。

香港特别行政区管辖的危害国家安全犯罪案件的审判循公诉程序进行。

审判应当公开进行。因为涉及国家秘密、公共秩序等情形不宜公开审理的，禁止新闻界和公众旁听全部或者一部分审理程序，但判决结果应当一律公开宣布。

第四十二条 香港特别行政区执法、司法机关在适用香港特别行政区现行法律有关羁押、审理期限等方面的规定时，应当确保危害国家安全犯罪案件公正、及时办理，有效防范、制止和惩治危害国家安全犯罪。

对犯罪嫌疑人、被告人，除非法官有充足理由相信其不会继续实施危害国家安全行为的，不得准予保释。

第四十三条 香港特别行政区政府警务处维护国家安全部门办理危害国家安全犯罪案件时，可以采取香港特别行政区现行法律准予警方等执法部门在调查严重犯罪案件时采取的各种措施，并可以采取以下措施：

（一）搜查可能存有犯罪证据的处所、车辆、船只、航空器以及其他有关地方和电子设备；

（二）要求涉嫌实施危害国家安全犯罪行为的人员交出旅行证件或者限制其离境；

（三）对用于或者意图用于犯罪的财产、因犯罪所得的收益等与犯罪相关的财产，予以冻结，申请限制令、押记令、没收令以及充公；

（四）要求信息发布人或者有关服务商移除信息或者提供协助；

（五）要求外国及境外政治性组织，外国及境外当局或者政治性组织的代理人提供资料；

（六）经行政长官批准，对有合理理由怀疑涉及实施危害国家安全犯罪的人员进行截取通讯和秘密监察；

（七）对有合理理由怀疑拥有与侦查有关的资料或者管有有关物料的人员，要求其回答问题和提交资料或者物料。

香港特别行政区维护国家安全委员会对警务处维护国家安全部门等执法机构采取本条第一款规定措施负有监督责任。

授权香港特别行政区行政长官会同香港特别行政区维护国家安全委员会为采取本条第一款规定措施制定相关实施细则。

第四十四条 香港特别行政区行政长官应当从裁判官、区域法院法官、高等法院原讼法庭法官、上诉法庭法官以及终审法院法官中指定若干名法官，也可从暂委或者特委法官中指定若干名法官，负责处理危害国家安全犯罪案件。行政长官在指定法官前可征询香港特别行政区维护国家安全委员会和终审法院首席法官的意见。上述指定法官任期一年。

凡有危害国家安全言行的，不得被指定为审理危害国家安全犯罪案件的法官。在获任指定法官期间，如有危害国家安全言行的，终止其指定法官资格。

在裁判法院、区域法院、高等法院和终审法院就危害国家安全犯罪案件提起的刑事检控程序应当分别由各该法院的指定法官处理。

第四十五条 除本法另有规定外，裁判法院、区域法院、高等法院和终审法院应当按照香港特别行政区的其他法律处理就危害国家安全犯罪案件提起的刑事检控程序。

第四十六条 对高等法院原讼法庭进行的就危害国家安全犯

罪案件提起的刑事检控程序，律政司长可基于保护国家秘密、案件具有涉外因素或者保障陪审员及其家人的人身安全等理由，发出证书指示相关诉讼毋须在有陪审团的情况下进行审理。凡律政司长发出上述证书，高等法院原讼法庭应当在没有陪审团的情况下进行审理，并由三名法官组成审判庭。

凡律政司长发出前款规定的证书，适用于相关诉讼的香港特别行政区任何法律条文关于“陪审团”或者“陪审团的裁决”，均应当理解为指法官或者法官作为事实裁断者的职能。

第四十七条 香港特别行政区法院在审理案件中遇有涉及有关行为是否涉及国家安全或者有关证据材料是否涉及国家秘密的认定问题，应取得行政长官就该等问题发出的证明书，上述证明书对法院有约束力。

第五章 中央人民政府驻香港特别行政区维护国家安全机构

第四十八条 中央人民政府在香港特别行政区设立维护国家安全公署。中央人民政府驻香港特别行政区维护国家安全公署依法履行维护国家安全职责，行使相关权力。

驻香港特别行政区维护国家安全公署人员由中央人民政府维护国家安全的有关机关联合派出。

第四十九条 驻香港特别行政区维护国家安全公署的职责为：

（一）分析研判香港特别行政区维护国家安全形势，就维护国家安全重大战略和重要政策提出意见和建议；

（二）监督、指导、协调、支持香港特别行政区履行维护国家安全的职责；

（三）收集分析国家安全情报信息；

（四）依法办理危害国家安全犯罪案件。

第五十条 驻香港特别行政区维护国家安全公署应当严格依法履行职责，依法接受监督，不得侵害任何个人和组织的合法权益。

驻香港特别行政区维护国家安全公署人员除须遵守全国性法律外，还应当遵守香港特别行政区法律。

驻香港特别行政区维护国家安全公署人员依法接受国家监察机关的监督。

第五十一条 驻香港特别行政区维护国家安全公署的经费由中央财政保障。

第五十二条 驻香港特别行政区维护国家安全公署应当加强与中央人民政府驻香港特别行政区联络办公室、外交部驻香港特别行政区特派员公署、中国人民解放军驻香港部队的工作联系和工作协同。

第五十三条 驻香港特别行政区维护国家安全公署应当与香港特别行政区维护国家安全委员会建立协调机制，监督、指导香港特别行政区维护国家安全工作。

驻香港特别行政区维护国家安全公署的工作部门应当与香港特别行政区维护国家安全的有关机关建立协作机制，加强信息共享和行动配合。

第五十四条 驻香港特别行政区维护国家安全公署、外交部驻香港特别行政区特派员公署会同香港特别行政区政府采取必要措施，加强对外国和国际组织驻香港特别行政区机构、在香港特别行政区的外国和境外非政府组织和新闻机构的管理和服务。

第五十五条 有以下情形之一的，经香港特别行政区政府或者驻香港特别行政区维护国家安全公署提出，并报中央人民政府批准，由驻香港特别行政区维护国家安全公署对本法规定的危害国家安全犯罪案件行使管辖权：

（一）案件涉及外国或者境外势力介入的复杂情况，香港特别行政区管辖确有困难的；

（二）出现香港特别行政区政府无法有效执行本法的严重情况的；

（三）出现国家安全面临重大现实威胁的情况的。

第五十六条 根据本法第五十五条规定管辖有关危害国家安全犯罪案件时，由驻香港特别行政区维护国家安全公署负责立案侦查，最高人民检察院指定有关检察机关行使检察权，最高人民法院指定有关法院行使审判权。

第五十七条 根据本法第五十五条规定管辖案件的立案侦查、审查起诉、审判和刑罚的执行等诉讼程序事宜，适用《中华人民共和国刑事诉讼法》等相关法律的规定。

根据本法第五十五条规定管辖案件时，本法第五十六条规定的执法、司法机关依法行使相关权力，其为决定采取强制措施、侦查措施和司法裁判而签发的法律文书在香港特别行政区具有法律效力。对于驻香港特别行政区维护国家安全公署依法采取的措施，有关机构、组织和个人必须遵从。

第五十八条 根据本法第五十五条规定管辖案件时，犯罪嫌疑人自被驻香港特别行政区维护国家安全公署第一次讯问或者采取强制措施之日起，有权委托律师作为辩护人。辩护律师可以依法为犯罪嫌疑人、被告人提供法律帮助。

犯罪嫌疑人、被告人被合法拘捕后，享有尽早接受司法机关公正审判的权利。

第五十九条 根据本法第五十五条规定管辖案件时，任何人如果知道本法规定的危害国家安全犯罪案件情况，都有如实作证的义务。

第六十条 驻香港特别行政区维护国家安全公署及其人员依据本法执行职务的行为，不受香港特别行政区管辖。

持有驻香港特别行政区维护国家安全公署制发的证件或者证明文件的人员和车辆等在执行职务时不受香港特别行政区执法人员检查、搜查和扣押。

驻香港特别行政区维护国家安全公署及其人员享有香港特别行政区法律规定的其他权利和豁免。

第六十一条 驻香港特别行政区维护国家安全公署依据本法规定履行职责时，香港特别行政区政府有关部门须提供必要的便利和配合，对妨碍有关执行职务的行为依法予以制止并追究责任。

第六章 附 则

第六十二条 香港特别行政区本地法律规定与本法不一致的，适用本法规定。

第六十三条 办理本法规定的危害国家安全犯罪案件的有关执法、司法机关及其人员或者办理其他危害国家安全犯罪案件的香港特别行政区执法、司法机关及其人员，应当对办案过程中知悉的国家秘密、商业秘密和个人隐私予以保密。

担任辩护人或者诉讼代理人的律师应当保守在执业活动中知悉的国家秘密、商业秘密和个人隐私。

配合办案的有关机构、组织和个人应当对案件有关情况予以保密。

第六十四条 香港特别行政区适用本法时，本法规定的“有期徒刑”“无期徒刑”“没收财产”和“罚金”分别指“监禁”“终身监禁”“充公犯罪所得”和“罚款”，“拘役”参照适用香港特别行政区相关法律规定的“监禁”“入劳役中心”“入教导所”，“管制”参照适用香港特别行政区相关法律规定的“社会服务令”“入感化院”，“吊销执照或者营业许可证”指香港特别行政区相关法律规定的“取消注册或者注册豁免，或者取消牌照”。

第六十五条 本法的解释权属于全国人民代表大会常务委员会。

第六十六条 本法自公布之日起施行。

全国人民代表大会常务委员会关于《中华人民共和国香港特别行政区维护国家安全法》第十四条和第四十七条的解释

（2022 年 12 月 30 日第十三届全国人民代表大会常务委员会第三十八次会议通过）

第十三届全国人民代表大会常务委员会第三十八次会议审议了《国务院关于提请解释〈中华人民共和国香港特别行政区维护国家安全法〉有关条款的议案》。国务院的议案是应香港特别行政区行政长官向中央人民政府提交的有关报告提出的。根据《中华人民共和国宪法》第六十七条第四项和《中华人民共和国香港特别行政区维护国家安全法》第六十五条的规定，全国人民代表大会常务委员会对《中华人民共和国香港特别行政区维护国家安全法》第十四条和第四十七条规定的含义和适用作如下解释：

一、根据《中华人民共和国香港特别行政区维护国家安全法》第十四条的规定，香港特别行政区维护国家安全委员会承担香港特别行政区维护国家安全的法定职责，有权对是否涉及国家安全问题作出判断和决定，工作信息不予公开。香港特别行政区维护国家安全委员会作出的决定不受司法复核，具有可执行的法律效力。香港特别行政区任何行政、立法、司法等机构和任何组织、个人均不得干涉香港特别行政区维护国家安全委员会的工作，均应当尊重并执行香港特别行政区维护国家安全委员会的决定。

二、根据《中华人民共和国香港特别行政区维护国家安全法》第四十七条的规定，香港特别行政区法院在审理危害国家安全犯罪案件中遇有涉及有关行为是否涉及国家安全或者有关证据材料是否涉及国家秘密的认定问题，应当向行政长官提出并取得行政长官就该等问题发出的证明书，上述证明书对法院有约束力。

三、香港特别行政区行政长官依据《中华人民共和国香港特别行政区维护国家安全法》第十一条的规定于 11 月 28 日向中央人民政府提交的有关报告认为，不具有香港特别行政区全面执业资格的海外律师担任危害国家安全犯罪案件的辩护人或者诉讼代理人可能引发国家安全风险。不具有香港特别行政区全面执业资格的海外律师是否可以担任危害国家安全犯罪案件的辩护人或者诉讼代理人的问题，属于《中华人民共和国香港特别行政区维护国家安全法》第四十七条所规定的需要认定的问题，应当取得行政长官发出的证明书。如香港特别行政区法院没有向行政长官提出并取得行政长官就该等问题发出的证明书，香港特别行政区维护国家安全委员会应当根据《中华人民共和国香港特别行政区维护国家安全法》第十四条的规定履行法定职责，对该等情况和问题作出相关判断和决定。

现予公告。

中华人民共和国主席令

第八十号

《中华人民共和国香港特别行政区驻军法》已由中华人民共和国第八届全国人民代表大会常务委员会第二十三次会议于1996年12月30日通过，现予公布，自1997年7月1日起施行。

中华人民共和国主席　江泽民

1996年12月30日

中华人民共和国香港特别行政区驻军法

（1996年12月30日第八届全国人民代表大会常务委员会第二十三次会议通过　1996年12月30日中华人民共和国主席令第八十号公布）

目　录

第一章　总　则

第一条　为了保障中央人民政府派驻香港特别行政区负责防务的军队依法履行职责，维护国家的主权、统一、领土完整和香港的安全，根据宪法和香港特别行政区基本法，制定本法。

第二条　中央人民政府派驻香港特别行政区负责防务的军队，由中国人民解放军陆军、海军、空军部队组成，称中国人民解放军驻香港部队（以下称香港驻军）。

第三条 香港驻军由中华人民共和国中央军事委员会领导，其员额根据香港特别行政区防务的需要确定。

香港驻军实行人员轮换制度。

第四条 香港驻军费用由中央人民政府负担。

第二章 香港驻军的职责

第五条 香港驻军履行下列防务职责：

（一）防备和抵抗侵略，保卫香港特别行政区的安全；

（二）担负防卫勤务；

（三）管理军事设施；

（四）承办有关的涉外军事事宜。

第六条 全国人民代表大会常务委员会决定宣布战争状态或者因香港特别行政区内发生香港特别行政区政府不能控制的危及国家统一或者安全的动乱而决定香港特别行政区进入紧急状态时，香港驻军根据中央人民政府决定在香港特别行政区实施的全国性法律的规定履行职责。

第七条 香港驻军的飞行器、舰船等武器装备和物资以及持有香港驻军制发的证件或者证明文件的执行职务的人员和车辆，不受香港特别行政区执法人员检查、搜查和扣押。

香港驻军和香港驻军人员并享有在香港特别行政区实施的法律规定的其他权利和豁免。

第八条 香港驻军人员对妨碍其执行职务的行为，可以依照在香港特别行政区实施的法律的规定采取措施予以制止。

第三章　香港驻军与香港特别行政区政府的关系

第九条　香港驻军不干预香港特别行政区的地方事务。

第十条　香港特别行政区政府应当支持香港驻军履行防务职责，保障香港驻军和香港驻军人员的合法权益。

香港特别行政区制定政策和拟定法案，涉及香港驻军的，应当征求香港驻军的意见。

第十一条　香港驻军进行训练、演习等军事活动，涉及香港特别行政区公共利益的，应当事先通报香港特别行政区政府。

第十二条　香港驻军和香港特别行政区政府共同保护香港特别行政区内的军事设施。

香港驻军会同香港特别行政区政府划定军事禁区。军事禁区的位置、范围由香港特别行政区政府宣布。

香港特别行政区政府应当协助香港驻军维护军事禁区的安全。

香港驻军以外的人员、车辆、船舶和飞行器未经香港驻军最高指挥官或者其授权的军官批准，不得进入军事禁区。军事禁区的警卫人员有权依法制止擅自进入军事禁区和破坏、危害军事设施的行为。

香港驻军对军事禁区内的自然资源、文物古迹以及非军事权益，应当依照香港特别行政区的法律予以保护。

第十三条　香港驻军的军事用地，经中央人民政府批准不再用于防务目的的，无偿交由香港特别行政区政府处理。

香港特别行政区政府如需将香港驻军的部分军事用地用于公

共用途，必须经中央人民政府批准；经批准的，香港特别行政区政府应当在中央人民政府同意的地点，为香港驻军重新提供军事用地和军事设施，并负担所有费用。

第十四条 香港特别行政区政府根据香港特别行政区基本法的规定，在必要时可以向中央人民政府请求香港驻军协助维持社会治安和救助灾害。

香港特别行政区政府的请求经中央人民政府批准后，香港驻军根据中央军事委员会的命令派出部队执行协助维持社会治安和救助灾害的任务，任务完成后即返回驻地。

香港驻军协助维持社会治安和救助灾害时，在香港特别行政区政府的安排下，由香港驻军最高指挥官或者其授权的军官实施指挥。

香港驻军人员在协助维持社会治安和救助灾害时，行使香港特别行政区法律规定的权力。

第十五条 香港驻军和香港特别行政区政府应当建立必要的联系，协商处理与驻军有关的事宜。

第四章 香港驻军人员的义务与纪律

第十六条 香港驻军人员应当履行下列义务：

（一）忠于祖国，履行职责，维护祖国的安全、荣誉和利益，维护香港的安全；

（二）遵守全国性的法律和香港特别行政区的法律，遵守军队的纪律；

（三）尊重香港特别行政区政权机构，尊重香港特别行政区的社会制度和生活方式；

（四）爱护香港特别行政区的公共财产和香港居民及其他人的私有财产；

（五）遵守社会公德，讲究文明礼貌。

第十七条 香港驻军人员不得参加香港的政治组织、宗教组织和社会团体。

第十八条 香港驻军和香港驻军人员不得以任何形式从事营利性经营活动。香港驻军人员并不得从事与军人职责不相称的其他任何活动。

第十九条 香港驻军人员违反全国性的法律和香港特别行政区的法律的，依法追究法律责任。

香港驻军人员违反军队纪律的，给予纪律处分。

第五章 香港驻军人员的司法管辖

第二十条 香港驻军人员犯罪的案件由军事司法机关管辖；但是，香港驻军人员非执行职务的行为，侵犯香港居民、香港驻军以外的其他人的人身权、财产权以及其他违反香港特别行政区法律构成犯罪的案件，由香港特别行政区法院以及有关的执法机关管辖。

军事司法机关和香港特别行政区法院以及有关的执法机关对各自管辖的香港驻军人员犯罪的案件，如果认为由对方管辖更为适宜，经双方协商一致后，可以移交对方管辖。

军事司法机关管辖的香港驻军人员犯罪的案件中，涉及的被告人中的香港居民、香港驻军人员以外的其他人，由香港特别行政区法院审判。

第二十一条 香港特别行政区执法人员依法拘捕的涉嫌犯罪的人员，查明是香港驻军人员的，应当移交香港驻军羁押。被羁押的人员所涉及的案件，依照本法第二十条的规定确定管辖。

第二十二条 香港驻军人员被香港特别行政区法院判处剥夺或者限制人身自由的刑罚的，依照香港特别行政区的法律规定送交执行；但是，香港特别行政区有关执法机关与军事司法机关对执行的地点另行协商确定的除外。

第二十三条 香港驻军人员违反香港特别行政区的法律，侵害香港居民、香港驻军以外的其他人的民事权利的，当事人可以通过协商、调解解决；不愿通过协商、调解解决或者协商、调解不成的，被侵权人可以向法院提起诉讼。香港驻军人员非执行职务的行为引起的民事侵权案件，由香港特别行政区法院管辖；执行职务的行为引起的民事侵权案件，由中华人民共和国最高人民法院管辖，侵权行为的损害赔偿适用香港特别行政区法律。

第二十四条 香港驻军的机关或者单位在香港特别行政区与香港居民、香港驻军以外的其他人发生合同纠纷时，当事人可以通过协商、调解解决。当事人不愿通过协商、调解解决或者协商、调解不成的，可以依据合同中的仲裁条款或者事后达成的书面仲裁协议，向仲裁机构申请仲裁。当事人没有在合同中订立仲裁条款，事后又没有达成书面仲裁协议的，可以向香港特别行政区法院提起诉讼；但是，当事人对提起诉讼的法院另有约定的除外。

第二十五条 在香港特别行政区法院的诉讼活动中，香港驻军对香港驻军人员身份、执行职务的行为等事实发出的证明文件为有效证据。但是，相反证据成立的除外。

第二十六条 香港驻军的国防等国家行为不受香港特别行政区法院管辖。

第二十七条 香港特别行政区法院作出的判决、裁定涉及香港驻军的机关或者单位的财产执行的，香港驻军的机关或者单位必须履行；但是，香港特别行政区法院不得对香港驻军的武器装备、物资和其他财产实施强制执行。

第二十八条 军事司法机关可以与香港特别行政区法院和有关执法机关通过协商进行司法方面的联系和相互提供协助。

第六章 附 则

第二十九条 本法的解释权属于全国人民代表大会常务委员会。

第三十条 本法自 1997 年 7 月 1 日起施行。

中华人民共和国国籍法

（1980 年 9 月 10 日第五届全国人民代表大会第三次会议通过　1980 年 9 月 10 日全国人民代表大会常务委员会委员长令第八号公布）

第一条　中华人民共和国国籍的取得、丧失和恢复，都适用本法。

第二条　中华人民共和国是统一的多民族的国家，各民族的人都具有中国国籍。

第三条　中华人民共和国不承认中国公民具有双重国籍。

第四条　父母双方或一方为中国公民，本人出生在中国，具有中国国籍。

第五条　父母双方或一方为中国公民，本人出生在外国，具有中国国籍；但父母双方或一方为中国公民并定居在外国，本人出生时即具有外国国籍的，不具有中国国籍。

第六条　父母无国籍或国籍不明，定居在中国，本人出生在中国，具有中国国籍。

第七条　外国人或无国籍人，愿意遵守中国宪法和法律，并具有下列条件之一的，可以经申请批准加入中国国籍：

一、中国人的近亲属；

二、定居在中国的；

三、有其它正当理由。

第八条 申请加入中国国籍获得批准的，即取得中国国籍；被批准加入中国国籍的，不得再保留外国国籍。

第九条 定居外国的中国公民，自愿加入或取得外国国籍的，即自动丧失中国国籍。

第十条 中国公民具有下列条件之一的，可以经申请批准退出中国国籍：

一、外国人的近亲属；

二、定居在外国的；

三、有其它正当理由。

第十一条 申请退出中国国籍获得批准的，即丧失中国国籍。

第十二条 国家工作人员和现役军人，不得退出中国国籍。

第十三条 曾有过中国国籍的外国人，具有正当理由，可以申请恢复中国国籍；被批准恢复中国国籍的，不得再保留外国国籍。

第十四条 中国国籍的取得、丧失和恢复，除第九条规定的以外，必须办理申请手续。未满十八周岁的人，可由其父母或其他法定代理人代为办理申请。

第十五条 受理国籍申请的机关，在国内为当地市、县公安局，在国外为中国外交代表机关和领事机关。

第十六条 加入、退出和恢复中国国籍的申请，由中华人民共和国公安部审批。经批准的，由公安部发给证书。

第十七条 本法公布前，已经取得中国国籍的或已经丧失中国国籍的，继续有效。

第十八条 本法自公布之日起施行。

全国人民代表大会常务委员会关于《中华人民共和国国籍法》在香港特别行政区实施的几个问题的解释

（1996 年 5 月 15 日第八届全国人民代表大会
常务委员会第十九次会议通过）

根据《中华人民共和国香港特别行政区基本法》第十八条和附件三的规定，《中华人民共和国国籍法》自 1997 年 7 月 1 日起在香港特别行政区实施。考虑到香港的历史背景和现实情况，对《中华人民共和国国籍法》在香港特别行政区实施作如下解释：

一、凡具有中国血统的香港居民，本人出生在中国领土（含香港）者，以及其他符合《中华人民共和国国籍法》规定的具有中国国籍的条件者，都是中国公民。

二、所有香港中国同胞，不论其是否持有“英国属土公民护照”或者“英国国民（海外）护照”，都是中国公民。自 1997 年 7 月 1 日起，上述中国公民可继续使用英国政府签发的有效旅行证件去其他国家或地区旅行，但在香港特别行政区和中华人民共和国其他地区不得因持有上述英国旅行证件而享有英国的领事保护的权利。

三、任何在香港的中国公民，因英国政府的“居英权计划”而获得的英国公民身份，根据《中华人民共和国国籍法》不予承认。这类人仍为中国公民，在香港特别行政区和中华人民共和国其他地区不得享有英国的领事保护的权利。

四、在外国有居留权的香港特别行政区的中国公民，可使用外国政府签发的有关证件去其他国家或地区旅行，但在香港特别行政区和中华人民共和国其他地区不得因持有上述证件而享有外国领事保护的权利。

五、香港特别行政区的中国公民的国籍发生变更，可凭有效证件向香港特别行政区受理国籍申请的机关申报。

六、授权香港特别行政区政府指定其入境事务处为香港特别行政区受理国籍申请的机关，香港特别行政区入境事务处根据《中华人民共和国国籍法》和以上规定对所有国籍申请事宜作出处理。

全国人民代表大会关于设立香港特别行政区的决定

（1990 年 4 月 4 日第七届全国人民代表大会第三次会议通过）

第七届全国人民代表大会第三次会议根据《中华人民共和国宪法》第三十一条和第六十二条第十三项的规定，决定：

一、自 1997 年 7 月 1 日起设立香港特别行政区。

二、香港特别行政区的区域包括香港岛、九龙半岛，以及所辖的岛屿和附近海域。香港特别行政区的行政区域图由国务院另行公布。

全国人民代表大会关于《中华人民共和国香港特别行政区基本法》的决定

（1990 年 4 月 4 日第七届全国人民代表大会第三次会议通过）

第七届全国人民代表大会第三次会议通过《中华人民共和国香港特别行政区基本法》，包括附件一：《香港特别行政区行政长官的产生办法》，附件二：《香港特别行政区立法会的产生办法和表决程序》，附件三：《在香港特别行政区实施的全国性法律》，以及香港特别行政区区旗和区徽图案。《中华人民共和国宪法》第三十一条规定："国家在必要时得设立特别行政区。在特别行政区内实行的制度按照具体情况由全国人民代表大会以法律规定。"香港特别行政区基本法是根据《中华人民共和国宪法》按照香港的具体情况制定的，是符合宪法的。香港特别行政区设立后实行的制度、政策和法律，以香港特别行政区基本法为依据。

《中华人民共和国香港特别行政区基本法》自 1997 年 7 月 1 日起实施。

全国人民代表大会关于批准香港特别行政区基本法起草委员会关于设立全国人民代表大会常务委员会香港特别行政区基本法委员会的建议的决定

（1990 年 4 月 4 日第七届全国人民代表大会第三次会议通过）

第七届全国人民代表大会第三次会议决定：

一、批准香港特别行政区基本法起草委员会关于设立全国人民代表大会常务委员会香港特别行政区基本法委员会的建议。

二、在《中华人民共和国香港特别行政区基本法》实施时，设立全国人民代表大会常务委员会香港特别行政区基本法委员会。

附

香港特别行政区基本法起草委员会关于设立全国人民代表大会常务委员会香港特别行政区基本法委员会的建议

一、名称：全国人民代表大会常务委员会香港特别行政区基本法委员会。

二、隶属关系：是全国人民代表大会常务委员会下设的工作委员会。

三、任务：就有关香港特别行政区基本法第十七条、第十八条、第一百五十八条、第一百五十九条实施中的问题进行研究，并向全国人民代表大会常务委员会提供意见。

四、组成：成员十二人，由全国人民代表大会常务委员会任命内地和香港人士各六人组成，其中包括法律界人士，任期五年。香港委员须由在外国无居留权的香港特别行政区永久性居民中的中国公民担任，由香港特别行政区行政长官、立法会主席和终审法院首席法官联合提名，报全国人民代表大会常务委员会任命。

全国人民代表大会常务委员会关于《中华人民共和国香港特别行政区基本法》英文本的决定

（1990 年 6 月 28 日第七届全国人民代表大会
常务委员会第十四次会议通过）

第七届全国人民代表大会常务委员会第十四次会议决定：全国人民代表大会法律委员会主持审定的《中华人民共和国香港特别行政区基本法》英译本为正式英文本，和中文本同样使用；英文本中的用语的含义如果有与中文本有出入的，以中文本为准。

全国人民代表大会常务委员会关于根据《中华人民共和国香港特别行政区基本法》第一百六十条处理香港原有法律的决定

（1997年2月23日第八届全国人民代表大会常务委员会第二十四次会议通过）

《中华人民共和国香港特别行政区基本法》（以下简称《基本法》）第一百六十条规定：“香港特别行政区成立时，香港原有法律除由全国人民代表大会常务委员会宣布为同本法抵触者外，采用为香港特别行政区法律，如以后发现有的法律与本法抵触，可依照本法规定的程序修改或停止生效。”第八条规定：“香港原有法律，即普通法、衡平法、条例、附属立法和习惯法，除同本法相抵触或经香港特别行政区的立法机关作出修改者外，予以保留。”第八届全国人民代表大会常务委员会第二十四次会议根据上述规定，审议了香港特别行政区筹备委员会关于处理香港原有法律问题的建议，决定如下：

一、香港原有法律，包括普通法、衡平法、条例、附属立法和习惯法，除同《基本法》抵触者外，采用为香港特别行政区法律。

二、列于本决定附件一的香港原有的条例及附属立法抵触《基本法》，不采用为香港特别行政区法律。

三、列于本决定附件二的香港原有的条例及附属立法的部分条款抵触《基本法》，抵触的部分条款不采用为香港特别行政区法律。

四、采用为香港特别行政区法律的香港原有法律，自 1997 年 7 月 1 日起，在适用时，应作出必要的变更、适应、限制或例外，以符合中华人民共和国对香港恢复行使主权后香港的地位和《基本法》的有关规定，如《新界土地（豁免）条例》在适用时应符合上述原则。

除符合上述原则外，原有的条例或附属立法中：

（一）规定与香港特别行政区有关的外交事务的法律，如与在香港特别行政区实施的全国性法律不一致，应以全国性法律为准，并符合中央人民政府享有的国际权利和承担的国际义务。

（二）任何给予英国或英联邦其他国家或地区特权待遇的规定，不予保留，但有关香港与英国或英联邦其他国家或地区之间互惠性规定，不在此限。

（三）有关英国驻香港军队的权利、豁免及义务的规定，凡不抵触《基本法》和《中华人民共和国香港特别行政区驻军法》的规定者，予以保留，适用于中华人民共和国中央人民政府派驻香港特别行政区的军队。

（四）有关英文的法律效力高于中文的规定，应解释为中文和英文都是正式语文。

（五）在条款中引用的英国法律的规定，如不损害中华人民共和国的主权和不抵触《基本法》的规定，在香港特别行政区对其作出修改前，作为过渡安排，可继续参照适用。

五、在符合第四条规定的条件下，采用为香港特别行政区法律的香港原有法律，除非文意另有所指，对其中的名称或词句的解释或适用，须遵循本决定附件三所规定的替换原则。

六、采用为香港特别行政区法律的香港原有法律，如以后发现与《基本法》相抵触者，可依照《基本法》规定的程序修改或停止生效。

附件一

香港原有法律中下列条例及附属立法抵触《基本法》，不采用为香港特别行政区法律：

1. 《受托人（香港政府证券）条例》（香港法例第 77 章）；
2. 《英国法律应用条例》（香港法例第 88 章）；
3. 《英国以外婚姻条例》（香港法例第 180 章）；
4. 《华人引渡条例》（香港法例第 235 章）；
5. 《香港徽帜（保护）条例》（香港法例第 315 章）；
6. 《国防部大臣（产业承继）条例》（香港法例第 193 章）；
7. 《皇家香港军团条例》（香港法例第 199 章）；
8. 《强制服役条例》（香港法例第 246 章）；
9. 《陆军及皇家空军法律服务处条例》（香港法例第 286 章）；
10. 《英国国籍（杂项规定）条例》（香港法例第 186 章）；
11. 《1981 年英国国籍法（相应修订）条例》（香港法例第 373 章）；
12. 《选举规定条例》（香港法例第 367 章）；
13. 《立法局（选举规定）条例》（香港法例第 381 章）；
14. 《选区分界及选举事务委员会条例》（香港法例第 432 章）。

附件二

香港原有法律中下列条例及附属立法的部分条款抵触《基本法》，不采用为香港特别行政区法律：

1.《人民入境条例》（香港法例第 115 章）第 2 条中有关“香港永久性居民”的定义和附表一“香港永久性居民”的规定；

2. 任何为执行在香港适用的英国国籍法所作出的规定；

3.《市政局条例》（香港法例第 101 章）中有关选举的规定；

4.《区域市政局条例》（香港法例第 385 章）中有关选举的规定；

5.《区议会条例》（香港法例第 366 章）中有关选举的规定；

6.《舞弊及非法行为条例》（香港法例第 288 章）中的附属立法 A《市政局、区域市政局以及议会选举费用令》、附属立法 C《立法局决议》；

7.《香港人权法案条例》（香港法例第 383 章）第 2 条第（3）款有关该条例的解释及应用目的的规定，第 3 条有关“对先前法例的影响”和第 4 条有关“日后的法例的释义”的规定；

8.《个人资料（私隐）条例》（香港法例第 486 章）第 3 条第（2）款有关该条例具有凌驾地位的规定；

9. 1992 年 7 月 17 日以来对《社团条例》（香港法例第 151 章）的重大修改；

10. 1995 年 7 月 27 日以来对《公安条例》（香港法例第 245 章）的重大修改。

附件三

采用为香港特别行政区法律的香港原有法律中的名称或词句在解释或适用时一般须遵循以下替换原则：

1. 任何提及“女王陛下”、“王室”、“英国政府”及“国务大臣”等相类似名称或词句的条款，如该条款内容是关于香港土地所有权或涉及《基本法》所规定的中央管理的事务和中央与香港特别行政区的关系，则该等名称或词句应相应地解释为中央或中国的其他主管机关，其他情况下应解释为香港特别行政区政府。

2. 任何提及“女王会同枢密院”或“枢密院”的条款，如该条款内容是关于上诉权事项，则该等名称或词句应解释为香港特别行政区终审法院，其他情况下，依第 1 项规定处理。

3. 任何冠以“皇家”的政府机构或半官方机构的名称应删去“皇家”字样，并解释为香港特别行政区相应的机构。

4. 任何“本殖民地”的名称应解释为香港特别行政区；任何有关香港领域的表述应依照国务院颁布的香港特别行政区行政区域图作出相应解释后适用。

5. 任何“最高法院”及“高等法院”等名称或词句应相应地解释为高等法院及高等法院原讼法庭。

6. 任何“总督”、“总督会同行政局”、“布政司”、“律政司”、“首席按察司”、“政务司”、“宪制事务司”、“海关总监”及“按察司”等名称或词句应相应地解释为香港特别行政区行政长官、行政长官会同行政会议、政务司长、律政司长、终审法院首席法官或高等法院首席法官、民政事务局局长、政制事务局局长、海关关长及高等法院法官。

7. 在香港原有法律中文文本中，任何有关立法局、司法机关或行政机关及其人员的名称或词句应相应地依照《基本法》的有关规定进行解释和适用。

8. 任何提及“中华人民共和国”和“中国”等相类似名称或词句的条款，应解释为包括台湾、香港和澳门在内的中华人民共和国；任何单独或同时提及大陆、台湾、香港和澳门的名称或词句的条款，应相应地将其解释为中华人民共和国的一个组成部分。

9. 任何提及“外国”等相类似名称或词句的条款，应解释为中华人民共和国以外的任何国家或地区，或者根据该项法律或条款的内容解释为“香港特别行政区以外的任何地方”；任何提及“外籍人士”等相类似名称或词句的条款，应解释为中华人民共和国公民以外的任何人士。

10. 任何提及“本条例的条文不影响亦不得视为影响女王陛下、其储君或其继位人的权利”的规定，应解释为“本条例的条文不影响亦不得视为影响中央或香港特别行政区政府根据《基本法》和其他法律的规定所享有的权利”。

全国人民代表大会常务委员会关于《中华人民共和国香港特别行政区基本法》第二十二条第四款和第二十四条第二款第（三）项的解释

（1999 年 6 月 26 日第九届全国人民代表大会常务委员会第十次会议通过）

第九届全国人民代表大会常务委员会第十次会议审议了国务院《关于提请解释〈中华人民共和国香港特别行政区基本法〉第二十二条第四款和第二十四条第二款第（三）项的议案》。国务院的议案是应香港特别行政区行政长官根据《中华人民共和国香港特别行政区基本法》第四十三条和第四十八条第（二）项的有关规定提交的报告提出的。鉴于议案中提出的问题涉及香港特别行政区终审法院 1999 年 1 月 29 日的判决对《中华人民共和国香港特别行政区基本法》有关条款的解释，该有关条款涉及中央管理的事务和中央与香港特别行政区的关系，终审法院在判决前没有依照《中华人民共和国香港特别行政区基本法》第一百五十八条第三款的规定请全国人民代表大会常务委员会作出解释，而终审法院的解释又不符合立法原意，经征询全国人民代表大会常务委员会香港特别行政区基本法委员会的意见，全国人民代表大会常务委员会决定，根据《中华人民共和国宪法》第六十七条第（四）项和《中华人民共和国香港特别行政区基本法》第一百五十八条第一款的规定，对《中华人民共和国香港特别行政区基本法》第二十二条第四款和第二十四条第二款第（三）项的规定，作如下解释：

一、《中华人民共和国香港特别行政区基本法》第二十二条第四款关于“中国其他地区的人进入香港特别行政区须办理批准手续”的规定，是指各省、自治区、直辖市的人，包括香港永久性居民在内地所生的中国籍子女，不论以何种事由要求进入香港特别行政区，均须依照国家有关法律、行政法规的规定，向其所在地区的有关机关申请办理批准手续，并须持有有关机关制发的有效证件方能进入香港特别行政区。各省、自治区、直辖市的人，包括香港永久性居民在内地所生的中国籍子女，进入香港特别行政区，如未按国家有关法律、行政法规的规定办理相应的批准手续，是不合法的。

二、《中华人民共和国香港特别行政区基本法》第二十四条第二款前三项规定：“香港特别行政区永久性居民为：（一）在香港特别行政区成立以前或以后在香港出生的中国公民；（二）在香港特别行政区成立以前或以后在香港通常居住连续七年以上的中国公民；（三）第（一）、（二）两项所列居民在香港以外所生的中国籍子女”。其中第（三）项关于“第（一）、（二）两项所列居民在香港以外所生的中国籍子女”的规定，是指无论本人是在香港特别行政区成立以前或以后出生，在其出生时，其父母双方或一方须是符合《中华人民共和国香港特别行政区基本法》第二十四条第二款第（一）项或第（二）项规定条件的人。本解释所阐明的立法原意以及《中华人民共和国香港特别行政区基本法》第二十四条第二款其他各项的立法原意，已体现在 1996 年 8 月 10 日全国人民代表大会香港特别行政区筹备委员会第四次全体会议通过的《关于实施〈中华人民共和国香港特别行政区基本法〉第二十四条第二款的意见》中。

本解释公布之后，香港特别行政区法院在引用《中华人民共和国香港特别行政区基本法》有关条款时，应以本解释为准。本解释不影响香港特别行政区终审法院 1999 年 1 月 29 日对有关案件判决的有关诉讼当事人所获得的香港特别行政区居留权。此外，其他任何人是否符合《中华人民共和国香港特别行政区基本法》第二十四条第二款第（三）项规定的条件，均须以本解释为准。

全国人民代表大会常务委员会关于《中华人民共和国香港特别行政区基本法》第五十三条第二款的解释

（2005 年 4 月 27 日第十届全国人民代表大会
常务委员会第十五次会议通过）

第十届全国人民代表大会常务委员会第十五次会议审议了国务院《关于提请解释〈中华人民共和国香港特别行政区基本法〉第五十三条第二款的议案》。根据《中华人民共和国宪法》第六十七条第四项和《中华人民共和国香港特别行政区基本法》第一百五十八条第一款的规定，并征询全国人民代表大会常务委员会香港特别行政区基本法委员会的意见，全国人民代表大会常务委员会对《中华人民共和国香港特别行政区基本法》第五十三条第二款的规定，作如下解释：

《中华人民共和国香港特别行政区基本法》第五十三条第二款中规定：“行政长官缺位时，应在六个月内依本法第四十五条的规定产生新的行政长官。”其中“依本法第四十五条的规定产生新的行政长官”，既包括新的行政长官应依据《中华人民共和国香港特别行政区基本法》第四十五条规定的产生办法产生，也包括新的行政长官的任期应依据《中华人民共和国香港特别行政区基本法》第四十五条规定的产生办法确定。

《中华人民共和国香港特别行政区基本法》第四十五条第三款规定：“行政长官产生的具体办法由附件一《香港特别行政区行政长官的产生办法》规定。”附件一第一条规定：“行政长官由一个具有广泛代表性的选举委员会根据本法选出，由中央人民政府任命。”第二条规定：“选举委员会每届任期五年。”第七条规定：“二〇〇七年以后各任行政长官的产生办法如需修改，须经立法会全体议员三分之二多数通过，行政长官同意，并报全国人民代表大会常务委员会批准。”上述规定表明，二〇〇七年以前，在行政长官由任期五年的选举委员会选出的制度安排下，如出现行政长官未任满《中华人民共和国香港特别行政区基本法》第四十六条规定的五年任期导致行政长官缺位的情况，新的行政长官的任期应为原行政长官的剩余任期；二〇〇七年以后，如对上述行政长官产生办法作出修改，届时出现行政长官缺位的情况，新的行政长官的任期应根据修改后的行政长官具体产生办法确定。

现予公告。

全国人民代表大会常务委员会关于《中华人民共和国香港特别行政区基本法》第十三条第一款和第十九条的解释

（2011年8月26日第十一届全国人民代表大会常务委员会第二十二次会议通过）

第十一届全国人民代表大会常务委员会第二十二次会议审议了委员长会议关于提请审议《全国人民代表大会常务委员会关于〈中华人民共和国香港特别行政区基本法〉第十三条第一款和第十九条的解释（草案）》的议案。委员长会议的议案是应香港特别行政区终审法院依据《中华人民共和国香港特别行政区基本法》第一百五十八条第三款的规定提请全国人民代表大会常务委员会解释《中华人民共和国香港特别行政区基本法》有关规定的报告提出的。

香港特别行政区终审法院在审理一起与刚果民主共和国有关的案件时，涉及香港特别行政区是否应适用中央人民政府决定采取的国家豁免规则或政策的问题。为此，香港特别行政区终审法院依据《中华人民共和国香港特别行政区基本法》第一百五十八条第三款的规定，提请全国人民代表大会常务委员会解释如下问题："（1）根据第十三条第一款的真正解释，中央人民政府是否有权力决定中华人民共和国的国家豁免规则或政策；（2）如有此权力的话，根据第十三条第一款和第十九条的真正解释，香港特别行政区（‘香港特区’）（包括香港特区的法院）是否：①有责任援用或实施中央人民政府根据第十三条第一款所决定的国家豁免规则或政策；或②反之，可随意偏离中央人民政府根据第十三条第一款所决定的国家豁免规则或政策，并采取一项不同的规则；（3）中央人民政府决定国家豁免规则或政策是否属于《基本法》第十九条第三款第一句中所说的‘国防、外交等国家行为’；以及（4）香港特区成立后，第十三条第一款、第十九条和香港作为中华人民共和国的特别行政区的地位，对香港原有（即 1997 年 7 月 1 日之前）的有关国家豁免的普通法（如果这些法律与中央人民政府根据第十三条第一款所决定的国家豁免规则或政策有抵触）所带来的影响，是否令到这些普通法法律，须按照《基本法》第八条和第一百六十条及于 1997 年 2 月 23 日根据第一百六十条作出的《全国人民代表大会常务委员会的决定》的规定，在适用时作出必要的变更、适应、限制或例外，以确保关于这方面的普通法符合中央人民政府所决定的国家豁免规则或政策。”香港特别行政区终审法院上述提请解释的做法符合《中华人民共和国香港特别行政区基本法》第一百五十八条第三款的规定。

根据《中华人民共和国宪法》第六十七条第（四）项和《中华人民共和国香港特别行政区基本法》第一百五十八条的规定，并征询全国人民代表大会常务委员会香港特别行政区基本法委员会的意见，全国人民代表大会常务委员会就香港特别行政区终审法院提请解释的《中华人民共和国香港特别行政区基本法》第十三条第一款和第十九条的规定以及相关问题，作如下解释：

一、关于香港特别行政区终审法院提请解释的第（1）个问题。依照《中华人民共和国宪法》第八十九条第（九）项的规定，国务院即中央人民政府行使管理国家对外事务的职权，国家豁免规则或政策属于国家对外事务中的外交事务范畴，中央人民政府有权决定中华人民共和国的国家豁免规则或政策，在中华人民共和国领域内统一实施。基于上述，根据《中华人民共和国香港特别行政区基本法》第十三条第一款关于“中央人民政府负责管理与香港特别行政区有关的外交事务”的规定，管理与香港特别行政区有关的外交事务属于中央人民政府的权力，中央人民政府有权决定在香港特别行政区适用的国家豁免规则或政策。

二、关于香港特别行政区终审法院提请解释的第（2）个问题。依照《中华人民共和国香港特别行政区基本法》第十三条第一款和本解释第一条的规定，中央人民政府有权决定在香港特别行政区适用的国家豁免规则或政策；依照《中华人民共和国香港特别行政区基本法》第十九条和本解释第三条的规定，香港特别行政区法院对中央人民政府决定国家豁免规则或政策的行为无管辖权。因此，香港特别行政区法院在审理案件时遇有外国国家及其财产管辖豁免和执行豁免问题，须适用和实施中央人民政府决定适用于香港特别行政区的国家豁免规则或政策。基于上述，根据《中华人民共和国香港特别行政区基本法》第十三条第一款和第十九条的规定，香港特别行政区，包括香港特别行政区法院，有责任适用或实施中央人民政府决定采取的国家豁免规则或政策，不得偏离上述规则或政策，也不得采取与上述规则或政策不同的规则。

三、关于香港特别行政区终审法院提请解释的第（3）个问题。国家豁免涉及一国法院对外国国家及其财产是否拥有管辖权，外国国家及其财产在一国法院是否享有豁免，直接关系到该国的对外关系和国际权利与义务。因此，决定国家豁免规则或政策是一种涉及外交的国家行为。基于上述，《中华人民共和国香港特别行政区基本法》第十九条第三款规定的“国防、外交等国家行为”包括中央人民政府决定国家豁免规则或政策的行为。

四、关于香港特别行政区终审法院提请解释的第（4）个问题。依照《中华人民共和国香港特别行政区基本法》第八条和第一百六十条的规定，香港原有法律只有在不抵触《中华人民共和国香港特别行政区基本法》的情况下才予以保留。根据《全国人民代表大会常务委员会关于根据〈中华人民共和国香港特别行政区基本法〉第一百六十条处理香港原有法律的决定》第四条的规定，采用为香港特别行政区法律的香港原有法律，自1997年7月1日起，在适用时，应作出必要的变更、适应、限制或例外，以符合中华人民共和国对香港恢复行使主权后香港的地位和《基本法》的有关规定。香港特别行政区作为中华人民共和国一个享有高度自治权的地方行政区域，直辖于中央人民政府，必须执行中央人民政府决定的国家豁免规则或政策。香港原有法律中有关国家豁免的规则必须符合上述规定才能在1997年7月1日后继续适用。基于上述，根据《中华人民共和国香港特别行政区基本法》第十三条第一款和第十九条的规定，依照《全国人民代表大会常务委员会关于根据〈中华人民共和国香港特别行政区基本法〉第一百六十条处理香港原有法律的决定》采用为香港特别行政区法律的香港原有法律中有关国家豁免的规则，从 1997 年 7 月 1 日起，在适用时，须作出必要的变更、适应、限制或例外，以符合中央人民政府决定采取的国家豁免规则或政策。

现予公告。

全国人民代表大会常务委员会关于《中华人民共和国香港特别行政区基本法》第一百零四条的解释

（2016年11月7日第十二届全国人民代表大会常务委员会第二十四次会议通过）

第十二届全国人民代表大会常务委员会第二十四次会议审议了委员长会议提请审议《全国人民代表大会常务委员会关于〈中华人民共和国香港特别行政区基本法〉第一百零四条的解释（草案）》的议案。经征询全国人民代表大会常务委员会香港特别行政区基本法委员会的意见，全国人民代表大会常务委员会决定，根据《中华人民共和国宪法》第六十七条第四项和《中华人民共和国香港特别行政区基本法》第一百五十八条第一款的规定，对《中华人民共和国香港特别行政区基本法》第一百零四条“香港特别行政区行政长官、主要官员、行政会议成员、立法会议员、各级法院法官和其他司法人员在就职时必须依法宣誓拥护中华人民共和国香港特别行政区基本法，效忠中华人民共和国香港特别行政区”的规定，作如下解释：

一、《中华人民共和国香港特别行政区基本法》第一百零四条规定的“拥护中华人民共和国香港特别行政区基本法，效忠中华人民共和国香港特别行政区”，既是该条规定的宣誓必须包含的法定内容，也是参选或者出任该条所列公职的法定要求和条件。

二、《中华人民共和国香港特别行政区基本法》第一百零四条规定相关公职人员“就职时必须依法宣誓”，具有以下含义：

（一）宣誓是该条所列公职人员就职的法定条件和必经程序。未进行合法有效宣誓或者拒绝宣誓，不得就任相应公职，不得行使相应职权和享受相应待遇。

（二）宣誓必须符合法定的形式和内容要求。宣誓人必须真诚、庄重地进行宣誓，必须准确、完整、庄重地宣读包括“拥护中华人民共和国香港特别行政区基本法，效忠中华人民共和国香港特别行政区”内容的法定誓言。

（三）宣誓人拒绝宣誓，即丧失就任该条所列相应公职的资格。宣誓人故意宣读与法定誓言不一致的誓言或者以任何不真诚、不庄重的方式宣誓，也属于拒绝宣誓，所作宣誓无效，宣誓人即丧失就任该条所列相应公职的资格。

（四）宣誓必须在法律规定的监誓人面前进行。监誓人负有确保宣誓合法进行的责任，对符合本解释和香港特别行政区法律规定的宣誓，应确定为有效宣誓；对不符合本解释和香港特别行政区法律规定的宣誓，应确定为无效宣誓，并不得重新安排宣誓。

三、《中华人民共和国香港特别行政区基本法》第一百零四条所规定的宣誓，是该条所列公职人员对中华人民共和国及其香港特别行政区作出的法律承诺，具有法律约束力。宣誓人必须真诚信奉并严格遵守法定誓言。宣誓人作虚假宣誓或者在宣誓之后从事违反誓言行为的，依法承担法律责任。

现予公告。

全国人民代表大会常务委员会关于《中华人民共和国香港特别行政区基本法》附件三所列全国性法律增减的决定

（1997年7月1日第八届全国人民代表大会
常务委员会第二十六次会议通过）

一、在《中华人民共和国香港特别行政区基本法》附件三中增加下列全国性法律：

1. 《中华人民共和国国旗法》；

2. 《中华人民共和国领事特权与豁免条例》；

3. 《中华人民共和国国徽法》；

4. 《中华人民共和国领海及毗连区法》；

5. 《中华人民共和国香港特别行政区驻军法》。

以上全国性法律，自1997年7月1日起由香港特别行政区公布或立法实施。

二、在《中华人民共和国香港特别行政区基本法》附件三中删去下列全国性法律：

《中央人民政府公布中华人民共和国国徽的命令》附：国徽图案、说明、使用办法。

全国人民代表大会常务委员会关于增加《中华人民共和国香港特别行政区基本法》附件三所列全国性法律的决定

（1998 年 11 月 4 日第九届全国人民代表大会
常务委员会第五次会议通过）

第九届全国人民代表大会常务委员会第五次会议决定：在《中华人民共和国香港特别行政区基本法》附件三中增加全国性法律《中华人民共和国专属经济区和大陆架法》。

全国人民代表大会常务委员会关于增加《中华人民共和国香港特别行政区基本法》附件三所列全国性法律的决定

（2005年10月27日第十届全国人民代表大会常务委员会第十八次会议通过）

第十届全国人民代表大会常务委员会第十八次会议决定：在《中华人民共和国香港特别行政区基本法》附件三中增加全国性法律《中华人民共和国外国中央银行财产司法强制措施豁免法》。

全国人民代表大会常务委员会关于增加《中华人民共和国香港特别行政区基本法》附件三所列全国性法律的决定

（2017年11月4日第十二届全国人民代表大会常务委员会第三十次会议通过）

第十二届全国人民代表大会常务委员会第三十次会议决定：在《中华人民共和国香港特别行政区基本法》附件三中增加全国性法律《中华人民共和国国歌法》。

全国人民代表大会常务委员会关于增加《中华人民共和国香港特别行政区基本法》附件三所列全国性法律的决定

（2020 年 6 月 30 日第十三届全国人民代表大会常务委员会第二十次会议通过）

根据《全国人民代表大会关于建立健全香港特别行政区维护国家安全的法律制度和执行机制的决定》，第十三届全国人民代表大会常务委员会第二十次会议决定：在《中华人民共和国香港特别行政区基本法》附件三中增加全国性法律《中华人民共和国香港特别行政区维护国家安全法》，并由香港特别行政区在当地公布实施。

全国人民代表大会常务委员会关于授权香港特别行政区对深圳湾口岸港方口岸区实施管辖的决定

（2006年10月31日第十届全国人民代表大会常务委员会第二十四次会议通过）

第十届全国人民代表大会常务委员会第二十三次会议审议了国务院关于提请审议授权香港特别行政区对深圳湾口岸港方口岸区实施管辖的议案，第二十四次会议审议了关于授权香港特别行政区对深圳湾口岸港方口岸区实施管辖的决定（草案）。会议认为，为了缓解内地与香港特别行政区交往日益增多带来的陆路通关压力，适应深圳市与香港特别行政区之间交通运输和便利通关的客观要求，促进内地和香港特别行政区之间的人员交流和经贸往来，推动两地经济共同发展，在深圳湾口岸内设立港方口岸区，专用于人员、交通工具、货物的通关查验，是必要的。全国人民代表大会常务委员会决定：

一、授权香港特别行政区自深圳湾口岸启用之日起，对该口岸所设港方口岸区依照香港特别行政区法律实施管辖。

香港特别行政区对深圳湾口岸港方口岸区实行禁区式管理。

二、深圳湾口岸港方口岸区的范围，由国务院规定。

三、深圳湾口岸港方口岸区土地使用期限，由国务院依照有关法律的规定确定。

全国人民代表大会常务委员会关于批准《内地与香港特别行政区关于在广深港高铁西九龙站设立口岸实施“一地两检”的合作安排》的决定

（2017 年 12 月 27 日第十二届全国人民代表大会常务委员会第三十一次会议通过）

第十二届全国人民代表大会常务委员会第三十一次会议审议了国务院关于提请审议《关于批准〈内地与香港特别行政区关于在广深港高铁西九龙站设立口岸实施“一地两检”的合作安排〉的决定（草案）》的议案。全国人民代表大会常务委员会在审议中充分考虑了香港特别行政区和内地各有关方面对广深港高铁连接口岸设置及通关查验模式的意见。

会议认为，建设广深港高铁并实现香港特别行政区与全国高铁网络的互联互通，有利于促进香港特别行政区与内地之间的人员往来和经贸活动，有利于深化香港特别行政区与内地的互利合作，有利于香港特别行政区更好地融入国家发展大局，对保持香港特别行政区长期繁荣稳定具有重要意义。为充分发挥高铁高速高效优势，使广大乘客充分享受快捷便利的服务，确保广深港高铁香港段的运输、经济和社会效益，在广深港高铁香港特别行政区西九龙站（以下简称西九龙站）实施“一地两检”，设立内地口岸区，专门用于高铁乘客及其随身物品和行李的通关查验，是必要的。

会议认为，《合作安排》符合“一国两制”方针，符合宪法和香港特别行政区基本法。根据宪法，香港特别行政区基本法授权香港特别行政区实行高度自治，包括实行单独的出入境管理制度等。香港特别行政区政府与内地有关方面就在西九龙站设立口岸并实施“一地两检”的相关问题协商作出适当安排，是香港特别行政区依法行使高度自治权的具体体现。在西九龙站设立内地口岸区，不改变香港特别行政区行政区域范围，不影响香港特别行政区依法享有的高度自治权，不减损香港特别行政区居民依法享有的权利和自由。出于在西九龙站实施“一地两检”的需要，《合作安排》对内地和香港特别行政区管辖权（包括司法管辖权）划分和法律适用作出规定，并明确西九龙站内地口岸区视为处于内地，是适当的。内地派驻西九龙站内地口岸区的机构依照内地法律履行职责，其范围严格限制在内地口岸区之内，不同于香港特别行政区基本法第十八条规定的将全国性法律在整个香港特别行政区实施的情况。西九龙站内地口岸区场地使用权的取得、期限和费用由香港特别行政区政府与内地有关机构签订合同作出规定，符合香港特别行政区基本法第七条关于香港特别行政区土地所有权和使用管理的规定。在西九龙站实施“一地两检”，符合香港特别行政区基本法关于香港特别行政区政府应当制定适当政策促进和协调各行业发展、提供适当的经济和法律环境促进经济发展等规定，符合“一国两制”方针和香港特别行政区基本法的根本宗旨。

根据《中华人民共和国宪法》和《中华人民共和国香港特别行政区基本法》，全国人民代表大会常务委员会决定：

一、批准2017年11月18日广东省人民政府与香港特别行政区政府签署的《合作安排》，并确认《合作安排》符合宪法和香港特别行政区基本法。

香港特别行政区应当立法保障《合作安排》得以落实。

二、西九龙站内地口岸区的设立及具体范围，由国务院批准。

西九龙站内地口岸区自启用之日起，由内地依照内地法律和《合作安排》实施管辖，并派驻出入境边防检查机关、海关、检验检疫机构、口岸综合管理机构和铁路公安机关依法履行职责，上述机构及其人员不在西九龙站内地口岸区以外区域执法。

三、西九龙站口岸启用后，对《合作安排》如有修改，由国务院批准，并报全国人民代表大会常务委员会备案。

附

内地与香港特别行政区关于在广深港高铁西九龙站设立口岸实施“一地两检”的合作安排

为实现香港特别行政区（下称“香港特区”）与内地高速铁路交通设施互联互通，促进两地人员交流和经贸往来，推动两地经济实现优势互补、共同发展，充分发挥广深港高铁香港段的效益，经协商，内地和香港特区就在广深港高铁西九龙站设立口岸实施“一地两检”达成如下安排：

第一章　口岸设置

第一条　双方同意在香港特区西九龙站设立口岸实施“一地两检”，由双方分别按照各自法律，对往来内地和香港特区的出入境人员及其随身物品和行李进行出入境边防检查、海关监管、检验检疫等出入境监管。

西九龙站口岸分为香港口岸区和内地口岸区。香港口岸区由香港特区依据特区法律设立和管辖，实行过境限制区管理。内地口岸区由内地根据本合作安排和内地法律设立和管辖，实行口岸管理制度。

第二条 内地口岸区的范围为西九龙站地下二、三层的划定区域、地下四层月台区域及有关连接通道，包括内地监管查验区、办公备勤区、离港乘客候车区、车站月台和连接通道及电梯。内地口岸区范围的详情见附件。

在香港特区境内的广深港高铁营运中的列车车厢（包括行驶中、停留中和上下乘客期间）亦视作在内地口岸区范围之内。

除上述纳入内地口岸区范围的场地和高铁列车车厢，广深港高铁香港段的所有其他营运范围及设施（包括石岗列车停放处、路轨及行车隧道）均不属于内地口岸区范围。

内地口岸区由香港特区交予内地根据本合作安排使用和实施管辖。内地口岸区场地使用权的取得、期限及费用（包括内地口岸区内有关建筑物及相关设施的维修养护费用）等事宜，由双方签订合同作出规定。

第三条 内地口岸区的设立不影响广深港高铁香港段的建造权及施工权、服务经营权及营运和监管，亦不影响广深港高铁香港段相关资产（包括相关土地及土地上不动产或动产）及设施的权益，该等事宜仍由香港特区依特区法律处理及依照本合作安排行使管辖权。

第二章 内地口岸区的管辖权划分

第一节 内地管辖事项

第四条 内地口岸区自启用之日起，除本合作安排第三条和

第七条规定的事项外，由内地根据本合作安排和内地法律实施管辖（包括司法管辖）。

处理上款规定的内地管辖事项时，就内地法律和香港特区法律的适用以及管辖权（包括司法管辖权）的划分而言，内地口岸区视为处于内地。

第五条 内地出入境边防检查机关、海关、检验检疫机构对列车按照进出境运输工具进行监管，在内地口岸区办理相关出入境边防检查、海关监管、检验检疫手续。

第六条 内地派驻出入境边防检查机关、海关、检验检疫机构、口岸综合管理机构和铁路公安机关（下称“内地派驻机构”），根据内地法律在内地口岸区履行职责，不进入内地口岸区以外的区域执法，在内地口岸区以外的区域没有执法权。

第二节 香港特区管辖事项

第七条 下列事项，由香港特区依据特区法律实施管辖（包括司法管辖）：

1. 有关特定人员，即持有香港特区政府或广深港高铁香港营运商核发的有效证件进入内地口岸区或通过该口岸区进入西九龙站其他地点执行职务的工作人员，履行职务或与履行职务相关的事项，除以上情况外，该等人员在内地口岸区应遵守内地法律并接受内地派驻机构的监管；

2. 有关建筑物及相关设施（包括消防、危险品贮存设施、升降机、自动梯、水管装置、废物及污水装置、扩音系统、通风、电力及能源效益等）的建设、保险和设计、维修养护标准和责任的事项，但内地派驻机构自行提供或依据本合作安排执行职务时专用的设施设备除外；

3. 有关广深港高铁香港营运商及服务供应商的经营、相关保险、税务及其员工税务及雇佣责任和权益、保障和保险的事项，前述服务供应商不包括向内地派驻机构或广深港高铁内地营运商提供服务而又不在内地口岸区以外的香港特区区域范围经营之服务供应商；

4. 有关规管及监察广深港高铁香港段铁路系统安全运作及环境管制的事项；

5. 下列在内地口岸区的机构或人士之间的合约或其他民事法律关系的事宜：广深港高铁香港营运商、西九龙站承建商、物料或服务供应商、上述单位的员工及广深港高铁乘客；但当事人以协议（包括书面、口头或双方实际行为）作出相反意思表示者除外；

6. 由广深港高铁香港营运商及内地营运商签订的《广深港高铁运营合作协议》（包括日后的修改或补充协议）中规定由广深港高铁香港营运商负责的事项。

第八条 西九龙站的铁路运输服务管理由香港特区负责。有关铁路运输服务管理方面的制度由内地与香港特区相关机构另行协商制定，并应包括以下内容：

1. 香港特区对高铁（包括广深港高铁香港段）乘客实行实名制售票，并进行实名制查验；

2. 香港特区对进入西九龙站离境的高铁乘客进行安全检查。

第三章　对高铁香港段乘客的出入境监管

第九条　前往香港特区的乘客离开内地口岸区前视为处于内地，由内地出入境边防检查机关、海关、检验检疫机构依照内地法律对其进行出境监管。符合内地法律的，依法允许其出境。违反内地法律的，由上述内地机构根据具体情况依法采取相应法律措施。

第十条　前往内地的乘客进入内地口岸区后即视为处于内地，由内地出入境边防检查机关、海关、检验检疫机构依照内地法律对其进行入境监管。符合内地法律的，依法允许其入境。违反内地法律的，由上述内地机构根据具体情况依法采取相应法律措施。

第四章　联络协调与应急处理机制

第十一条　双方同意建立口岸协商联络机制，加强在通关协调、联合打私、治安消防、反恐防暴等各个方面的沟通与合作，确保内地口岸区安全、顺畅、高效运行和有效监管。

第十二条　双方同意建立应急处理机制，共同编制应急预案，以协助内地处理内地口岸区运行中可能出现的突发、紧急事件，包括突发公共卫生事件、重大水电供应事故、恐怖袭击、消防事故、严重暴力事件、危险化学品或爆炸品事件、传染病疫情、核生化事件、动植物疫病疫情、列车运行异常等。双方并同意为此建立联络员制度，进行沟通并定期安排联合演练。

为协助处理突发、紧急事件的目的，经内地派驻机构请求并授权，香港特区有关人员可在内地口岸区协助进行相关活动，并享有如在香港特区法律及内地法律享有的保障和豁免。

第十三条 双方同意在本合作安排确定的原则下，制定和签署关于西九龙站口岸运行管理的协作实施方案，规定双方在西九龙站口岸运行管理中的具体协作事宜。

第十四条 双方同意在内地口岸区进行任何活动和处理相关事项时，根据本合作安排和其他有关协议规定的原则，采取合理谨慎的措施，确保内地口岸区内人员和财产的安全。一方因违反上述规定导致另一方受到损害或损失的，须承担责任，包括合理的赔偿，并通过协商作出适当安排。

第五章　附　则

第十五条 双方同意本着互相合作、互相支持、互谅互让的精神，协商解决本合作安排实施中产生的争议。

第十六条 本合作安排未尽事宜，由双方协商一致后签署补充协议加以明确。

如因西九龙站口岸运行条件和监管发生变化或其他因素影响需对本合作安排进行修改，须经双方协商达成一致后签署书面文件，并报中央人民政府批准。

第十七条 本合作安排报中央人民政府提请全国人民代表大会常务委员会批准后生效，内地有关部门和香港特区各自履行相关法律程序（其中香港特区的法律程序包括进行本地立法）加以落实。

本合作安排于2017年11月18日在香港签署。一式8份，双方各执4份。

内地代表：	香港特区代表：
马兴瑞	林郑月娥
（广东省省长）	（香港特区行政长官）

附件

本附件所显示的“内地口岸区”范围及其他资料只供说明之用，相关具体情况最终根据全国人民代表大会常务委员会的有关决定确定。

西九龙站B2入境层

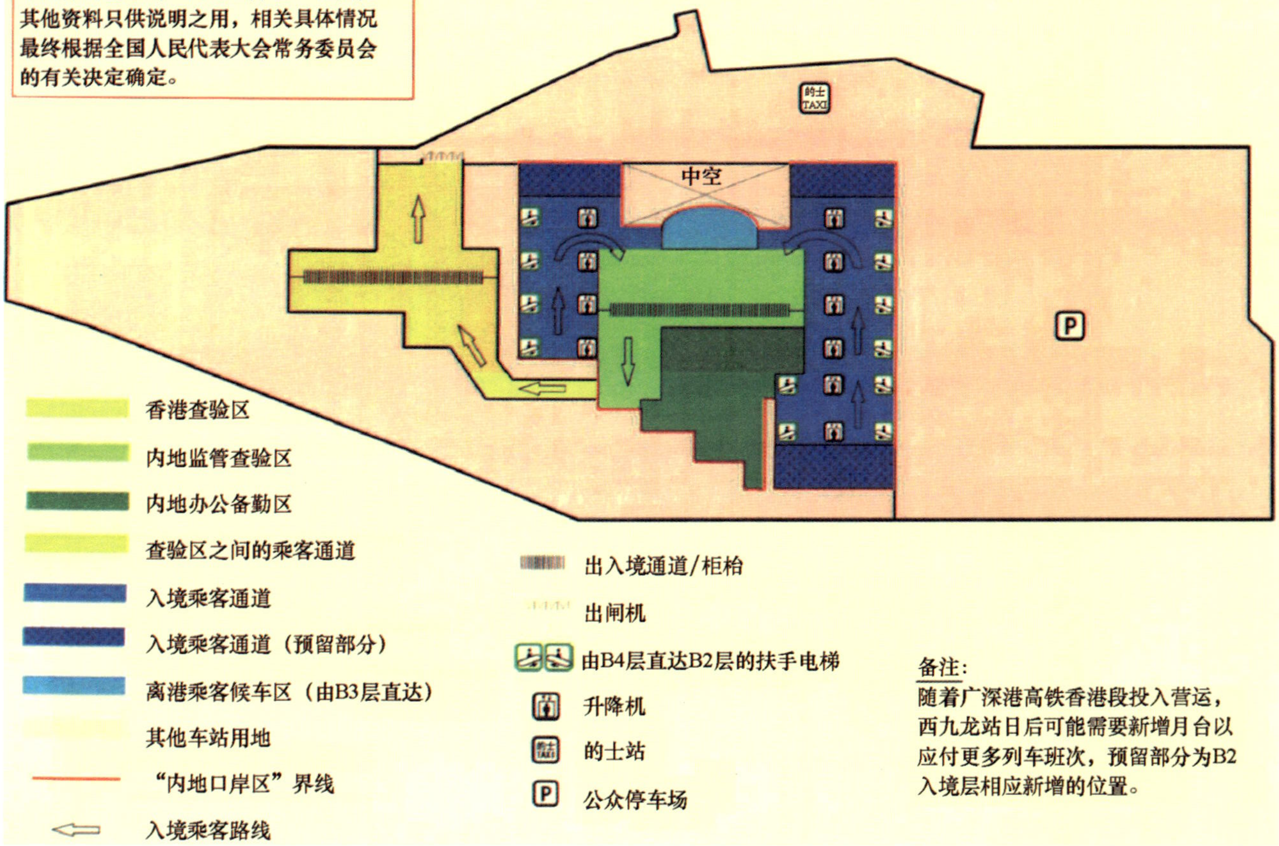

备注：
随着广深港高铁香港段投入营运，西九龙站日后可能需要新增月台以应付更多列车班次，预留部分为B2入境层相应新增的位置。

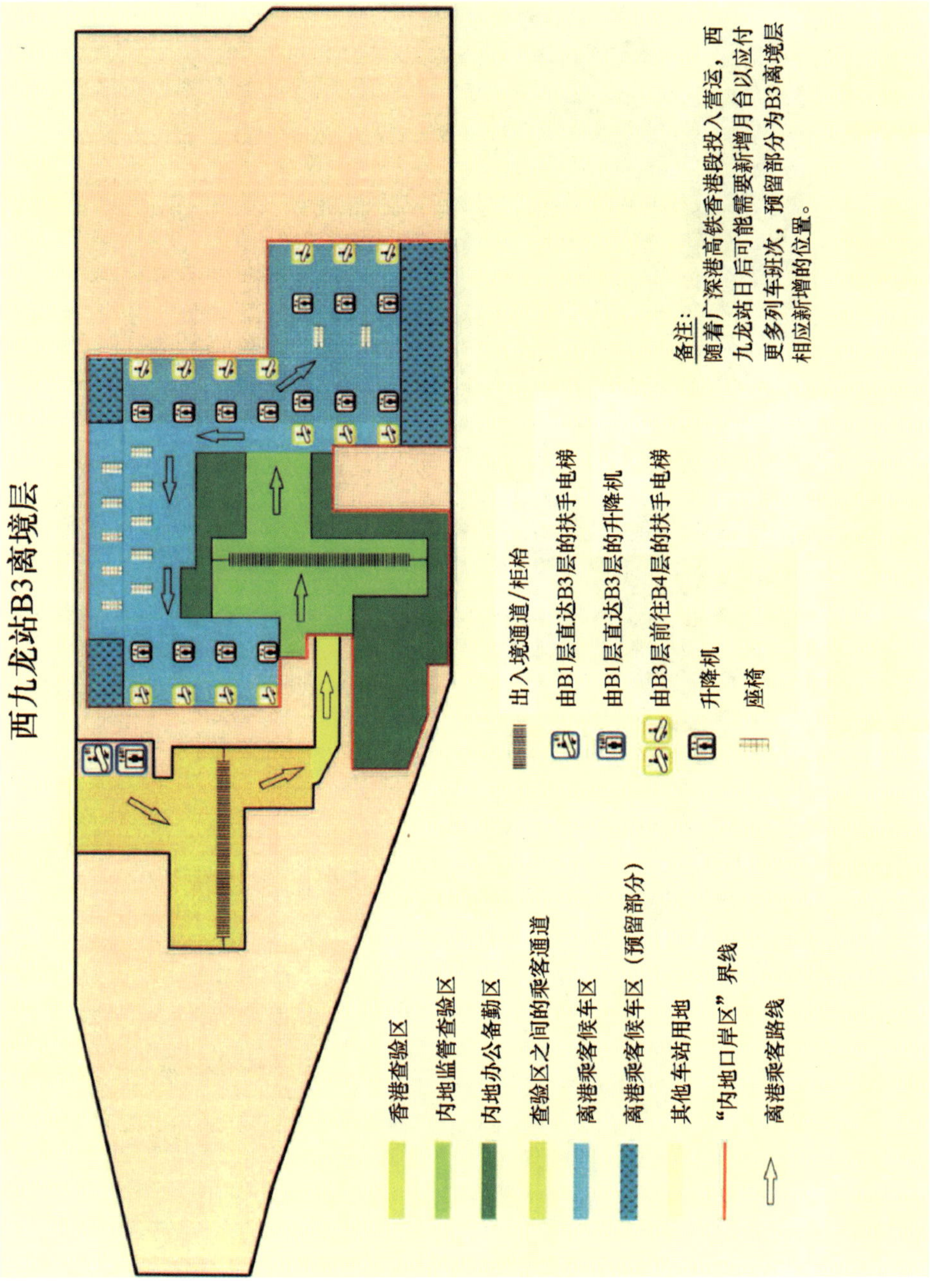
西九龙站B3离境层
香港查验区
内地监管查验区
内地办公备勤区
查验区之间的乘客通道
离港乘客候车区
离港乘客候车区（预留部分）
其他车站用地
“内地口岸区”界线
离港乘客路线
出入境通道/柜枱
由B1层直达B3层的扶手电梯
由B1层直达B3层的升降机
由B3层前往B4层的扶手电梯
升降机
座椅
备注：
随着广深港高铁香港段投入营运，西九龙站日后可能需要新增月台以应付更多列车班次，预留部分为B3离境层相应新增的位置。

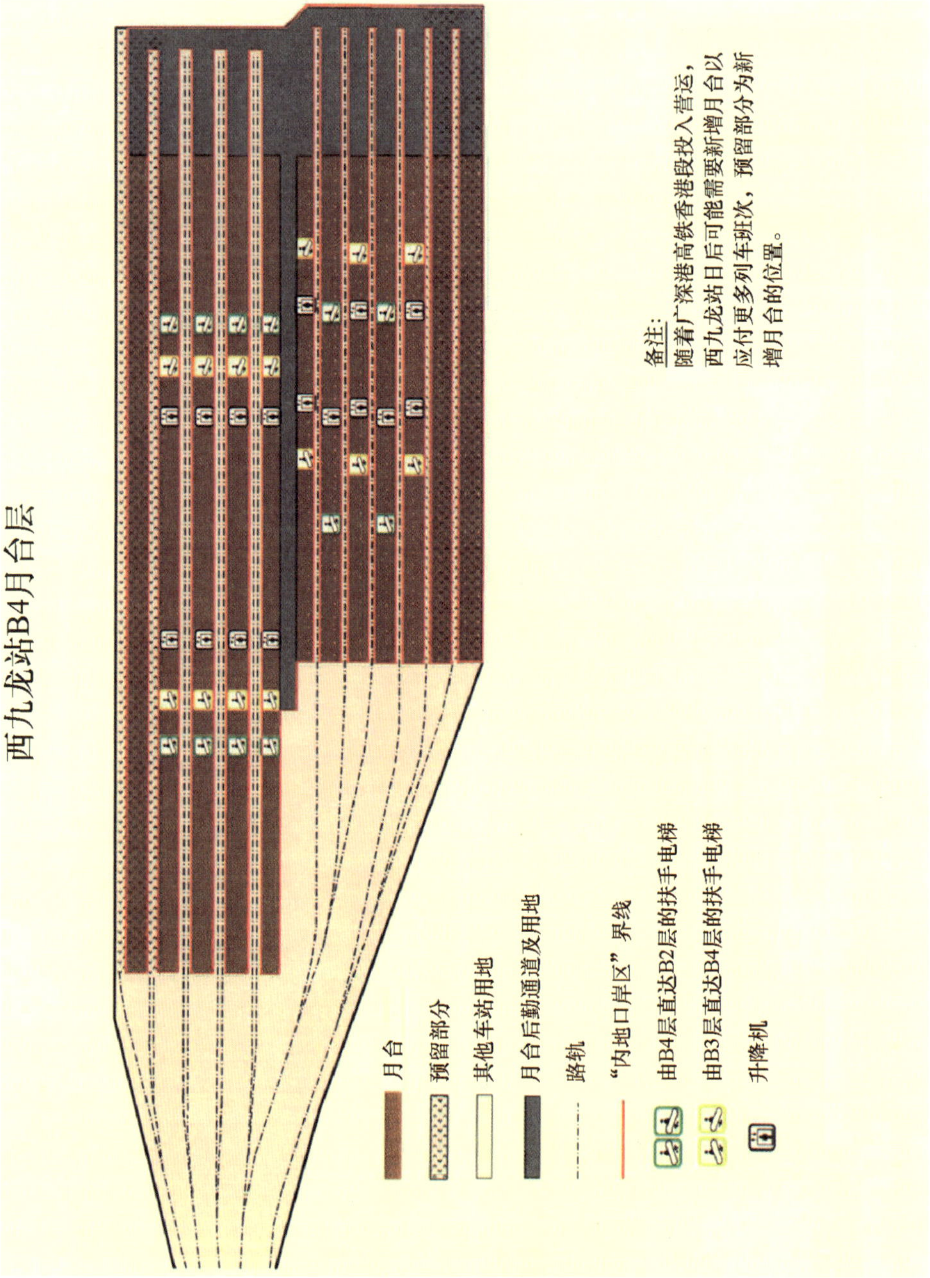
西九龙站B4月台层
月台
预留部分
其他车站用地
月台后勤通道及用地
路轨
“内地口岸区” 界线
由B4层直达B2层的扶手电梯
由B3层直达B4层的扶手电梯
升降机
备注:
随着广深港高铁香港段投入营运，西九龙站日后可能需要新增月台以应付更多列车班次，预留部分为新增月台的位置。

全国人民代表大会关于建立健全香港特别行政区维护国家安全的法律制度和执行机制的决定

（2020 年 5 月 28 日第十三届全国人民代表大会第三次会议通过）

第十三届全国人民代表大会第三次会议审议了全国人民代表大会常务委员会关于提请审议《全国人民代表大会关于建立健全香港特别行政区维护国家安全的法律制度和执行机制的决定（草案）》的议案。会议认为，近年来，香港特别行政区国家安全风险凸显，“港独”、分裂国家、暴力恐怖活动等各类违法活动严重危害国家主权、统一和领土完整，一些外国和境外势力公然干预香港事务，利用香港从事危害我国国家安全的活动。为了维护国家主权、安全、发展利益，坚持和完善“一国两制”制度体系，维护香港长期繁荣稳定，保障香港居民合法权益，根据《中华人民共和国宪法》第三十一条和第六十二条第二项、第十四项、第十六项的规定，以及《中华人民共和国香港特别行政区基本法》的有关规定，全国人民代表大会作出如下决定：

一、国家坚定不移并全面准确贯彻“一国两制”、“港人治港”、高度自治的方针，坚持依法治港，维护宪法和香港特别行政区基本法确定的香港特别行政区宪制秩序，采取必要措施建立健全香港特别行政区维护国家安全的法律制度和执行机制，依法防范、制止和惩治危害国家安全的行为和活动。

二、国家坚决反对任何外国和境外势力以任何方式干预香港特别行政区事务，采取必要措施予以反制，依法防范、制止和惩治外国和境外势力利用香港进行分裂、颠覆、渗透、破坏活动。

三、维护国家主权、统一和领土完整是香港特别行政区的宪制责任。香港特别行政区应当尽早完成香港特别行政区基本法规定的维护国家安全立法。香港特别行政区行政机关、立法机关、司法机关应当依据有关法律规定有效防范、制止和惩治危害国家安全的行为和活动。

四、香港特别行政区应当建立健全维护国家安全的机构和执行机制，强化维护国家安全执法力量，加强维护国家安全执法工作。中央人民政府维护国家安全的有关机关根据需要在香港特别行政区设立机构，依法履行维护国家安全相关职责。

五、香港特别行政区行政长官应当就香港特别行政区履行维护国家安全职责、开展国家安全教育、依法禁止危害国家安全的行为和活动等情况，定期向中央人民政府提交报告。

六、授权全国人民代表大会常务委员会就建立健全香港特别行政区维护国家安全的法律制度和执行机制制定相关法律，切实防范、制止和惩治任何分裂国家、颠覆国家政权、组织实施恐怖活动等严重危害国家安全的行为和活动以及外国和境外势力干预香港特别行政区事务的活动。全国人民代表大会常务委员会决定将上述相关法律列入《中华人民共和国香港特别行政区基本法》附件三，由香港特别行政区在当地公布实施。

七、本决定自公布之日起施行。

全国人民代表大会常务委员会关于香港特别行政区第六届立法会继续履行职责的决定

（2020 年 8 月 11 日第十三届全国人民代表大会常务委员会第二十一次会议通过）

第十三届全国人民代表大会常务委员会第二十一次会议审议了《国务院关于提请全国人民代表大会常务委员会就香港特别行政区第六届立法会继续运作作出决定的议案》。上述议案是应香港特别行政区行政长官向中央人民政府报送的有关报告提出的。香港特别行政区行政长官会同行政会议因应当地新冠肺炎疫情的严峻形势已决定将香港特别行政区第七届立法会选举推迟一年，在此情况下香港特别行政区立法机关将出现空缺。为维护香港特别行政区宪制秩序和法治秩序，确保香港特别行政区政府正常施政和社会正常运行，根据《中华人民共和国宪法》和《中华人民共和国香港特别行政区基本法》的有关规定，全国人民代表大会常务委员会作出如下决定：

2020 年 9 月 30 日后，香港特别行政区第六届立法会继续履行职责，不少于一年，直至香港特别行政区第七届立法会任期开始为止。香港特别行政区第七届立法会依法产生后，任期仍为四年。

全国人民代表大会常务委员会关于香港特别行政区立法会议员资格问题的决定

（2020年11月11日第十三届全国人民代表大会常务委员会第二十三次会议通过）

第十三届全国人民代表大会常务委员会第二十三次会议审议了《国务院关于提请就香港特别行政区立法会议员资格问题作出决定的议案》。上述议案是应香港特别行政区行政长官的请求而提出的。会议认为，为了全面准确贯彻落实“一国两制”方针和《中华人民共和国香港特别行政区基本法》，维护国家主权、安全和发展利益，维护香港长期繁荣稳定，必须确保香港特别行政区有关公职人员包括立法会议员符合拥护中华人民共和国香港特别行政区基本法、效忠中华人民共和国香港特别行政区的法定要求和条件。为此，全国人民代表大会常务委员会同意国务院2020年11月7日提出的议案，根据《中华人民共和国宪法》第五十二条、第五十四条、第六十七条第一项的规定和《中华人民共和国香港特别行政区基本法》、《全国人民代表大会关于建立健全香港特别行政区维护国家安全的法律制度和执行机制的决定》、《中华人民共和国香港特别行政区维护国家安全法》的有关规定以及《全国人民代表大会常务委员会关于〈中华人民共和国香港特别行政区基本法〉第一百零四条的解释》、《全国人民代表大会常务委员会关于香港特别行政区第六届立法会继续履行职责的决定》，作出如下决定：

一、香港特别行政区立法会议员，因宣扬或者支持“港独”主张、拒绝承认国家对香港拥有并行使主权、寻求外国或者境外势力干预香港特别行政区事务，或者具有其他危害国家安全等行为，不符合拥护中华人民共和国香港特别行政区基本法、效忠中华人民共和国香港特别行政区的法定要求和条件，一经依法认定，即时丧失立法会议员的资格。

二、本决定适用于在原定于 2020 年 9 月 6 日举行的香港特别行政区第七届立法会选举提名期间，因上述情形被香港特别行政区依法裁定提名无效的第六届立法会议员。

今后参选或者出任立法会议员的，如遇有上述情形，均适用本决定。

三、依据上述规定丧失立法会议员资格的，由香港特别行政区政府宣布。

全国人民代表大会关于完善香港特别行政区选举制度的决定

（2021年3月11日第十三届全国人民代表大会第四次会议通过）

第十三届全国人民代表大会第四次会议审议了全国人民代表大会常务委员会关于提请审议《全国人民代表大会关于完善香港特别行政区选举制度的决定（草案）》的议案。会议认为，香港回归祖国后，重新纳入国家治理体系，《中华人民共和国宪法》和《中华人民共和国香港特别行政区基本法》共同构成香港特别行政区的宪制基础。香港特别行政区实行的选举制度，包括行政长官和立法会的产生办法，是香港特别行政区政治体制的重要组成部分，应当符合"一国两制"方针，符合香港特别行政区实际情况，确保爱国爱港者治港，有利于维护国家主权、安全、发展利益，保持香港长期繁荣稳定。为完善香港特别行政区选举制度，发展适合香港特别行政区实际情况的民主制度，根据《中华人民共和国宪法》第三十一条和第六十二条第二项、第十四项、第十六项的规定，以及《中华人民共和国香港特别行政区基本法》、《中华人民共和国香港特别行政区维护国家安全法》的有关规定，全国人民代表大会作出如下决定：

一、完善香港特别行政区选举制度，必须全面准确贯彻落实"一国两制"、"港人治港"、高度自治的方针，维护《中华人民共和国宪法》和《中华人民共和国香港特别行政区基本法》确定的香港特别行政区宪制秩序，确保以爱国者为主体的“港人治港”，切实提高香港特别行政区治理效能，保障香港特别行政区永久性居民的选举权和被选举权。

二、香港特别行政区设立一个具有广泛代表性、符合香港特别行政区实际情况、体现社会整体利益的选举委员会。选举委员会负责选举行政长官候任人、立法会部分议员，以及提名行政长官候选人、立法会议员候选人等事宜。

选举委员会由工商、金融界，专业界，基层、劳工和宗教等界，立法会议员、地区组织代表等界，香港特别行政区全国人大代表、香港特别行政区全国政协委员和有关全国性团体香港成员的代表界等五个界别共1500名委员组成。

三、香港特别行政区行政长官由选举委员会选出，由中央人民政府任命。

行政长官候选人须获得选举委员会不少于188名委员联合提名，且上述五个界别中每个界别参与提名的委员不少于15名。选举委员会以一人一票无记名投票选出行政长官候任人，行政长官候任人须获得选举委员会全体委员过半数支持。

四、香港特别行政区立法会议员每届90人。通过选举委员会选举、功能团体选举、分区直接选举三种方式分别选举产生。

五、设立香港特别行政区候选人资格审查委员会，负责审查并确认选举委员会委员候选人、行政长官候选人和立法会议员候选人的资格。香港特别行政区应当健全和完善有关资格审查制度机制，确保候选人资格符合《中华人民共和国香港特别行政区基本法》、《中华人民共和国香港特别行政区维护国家安全法》、全国人民代表大会常务委员会关于《中华人民共和国香港特别行政区基本法》第一百零四条的解释和关于香港特别行政区立法会议员资格问题的决定以及香港特别行政区本地有关法律的规定。

六、授权全国人民代表大会常务委员会根据本决定修改《中华人民共和国香港特别行政区基本法》附件一《香港特别行政区行政长官的产生办法》和附件二《香港特别行政区立法会的产生办法和表决程序》。

七、香港特别行政区应当依照本决定和全国人民代表大会常务委员会修改后的《中华人民共和国香港特别行政区基本法》附件一《香港特别行政区行政长官的产生办法》和附件二《香港特别行政区立法会的产生办法和表决程序》，修改香港特别行政区本地有关法律，依法组织、规管相关选举活动。

八、香港特别行政区行政长官应当就香港特别行政区选举制度安排和选举组织等有关重要情况，及时向中央人民政府提交报告。

九、本决定自公布之日起施行。

中华人民共和国香港特别行政区选举第十四届全国人民代表大会代表的办法

（2022年3月11日第十三届全国人民代表大会第五次会议通过）

第一条 根据《中华人民共和国宪法》、《中华人民共和国香港特别行政区基本法》以及《中华人民共和国全国人民代表大会和地方各级人民代表大会选举法》的规定，结合香港特别行政区的实际情况，制定本办法。

第二条 香港特别行政区选举第十四届全国人民代表大会代表由全国人民代表大会常务委员会主持。

第三条 香港特别行政区应选第十四届全国人民代表大会代表的名额为36名。

第四条 香港特别行政区选举的全国人民代表大会代表必须是年满十八周岁的香港特别行政区居民中的中国公民。

第五条 香港特别行政区成立第十四届全国人民代表大会代表选举会议。选举会议由香港特别行政区选举委员会委员中的中国公民组成。但本人提出不愿参加的除外。

香港特别行政区行政长官为香港特别行政区第十四届全国人民代表大会代表选举会议的成员。

选举会议成员名单由全国人民代表大会常务委员会公布。

第六条 选举会议第一次会议由全国人民代表大会常务委员

会召集，根据全国人民代表大会常务委员会委员长会议的提名，推选19名选举会议成员组成主席团。主席团从其成员中推选常务主席一人。

主席团主持选举会议。主席团常务主席主持主席团会议。

第七条 选举会议举行全体会议，须有过半数成员出席。

第八条 选举会议成员以个人身份参加选举会议，并以个人身份履行职责。

选举会议成员应出席选举会议，如有特殊原因不能出席，应事先向主席团书面请假。

选举会议成员不得直接或者间接地索取、接受参选人和候选人的贿赂，不得直接或者间接地谋取其他任何利益，不得直接或者间接地以利益影响他人在选举中对参选人和候选人所持的立场。

第九条 选举日期由选举会议主席团确定。

第十条 全国人民代表大会代表候选人由选举会议成员15人以上提名。每名选举会议成员提名的代表候选人不得超过36名。

选举会议成员提名他人为代表候选人，应填写《中华人民共和国香港特别行政区第十四届全国人民代表大会代表候选人提名信》。

第十一条 年满十八周岁的香港特别行政区居民中的中国公民，凡有意参选第十四届全国人民代表大会代表的，应领取和填写《中华人民共和国香港特别行政区第十四届全国人民代表大会代表参选人登记表》。在提名截止日期以前，送交参选人登记表和15名以上选举会议成员分别填写的候选人提名信。

选举会议成员本人参选的，需要由其他15名以上选举会议成员为其填写候选人提名信。

参选人在登记表中应当作出声明：拥护中华人民共和国宪法和香港特别行政区基本法，拥护“一国两制”方针政策，效忠中华人民共和国和香港特别行政区；未直接或者间接接受外国机构、组织、个人提供的与选举有关的任何形式的资助。参选人须对所填事项的真实性负责。

任何人因危害国家安全被法院判决有罪的，即丧失参加全国人民代表大会代表选举的资格。

第十二条 代表候选人的提名时间由选举会议主席团确定。

第十三条 选举会议主席团公布第十四届全国人民代表大会代表候选人名单和简介，并印发给选举会议全体成员。

主席团公布代表候选人名单后，选举会议成员可以查阅代表候选人的提名情况。

在选举日之前，对违反本办法第十一条规定的登记表所声明内容，或者因危害国家安全被法院判决有罪的参选人，经过审查核实，由主席团决定不将其列入候选人名单或者从候选人名单中除名。

第十四条 选举会议选举第十四届全国人民代表大会代表的候选人应多于应选名额，进行差额选举。

第十五条 选举会议选举第十四届全国人民代表大会代表采用无记名投票的方式。

选举会议进行选举时，所投的票数多于投票人数的无效，等于或者少于投票人数的有效。

每一选票所选的人数，等于应选代表名额的有效，多于或者少于应选代表名额的作废。

第十六条 代表候选人获得参加投票的选举会议成员过半数的选票时，始得当选。

获得过半数选票的代表候选人的人数超过应选代表名额时，以得票多的当选。如遇票数相等不能确定当选人时，应当就票数相等的候选人再次投票，以得票多的当选。

获得过半数选票的当选代表的人数少于应选代表的名额时，不足的名额另行选举。另行选举时，根据在第一次投票时得票多少的顺序，按照候选人比应选名额多五分之一至二分之一的差额比例，由主席团确定候选人名单；如果只选一人，候选人应为二人。另行选举时，代表候选人获得参加投票的选举会议成员过半数的选票，始得当选。

第十七条 选举会议设总监票人一人、监票人若干人，由选举会议主席团在不是代表候选人的选举会议成员中提名，选举会议通过。总监票人和监票人对发票、投票、计票工作进行监督。

第十八条 在选举日不得进行拉票活动。

选举会议举行全体会议进行投票。会场按座区设投票箱，选举会议成员按座区分别到指定的票箱投票。

投票时，首先由总监票人、监票人投票，然后主席团成员和选举会议其他成员按顺序投票。

选举会议成员不得委托他人投票。

第十九条 计票完毕，总监票人向主席团报告计票结果。选举结果由主席团予以宣布，并报全国人民代表大会常务委员会代表资格审查委员会。

选举会议主席团向全国人民代表大会常务委员会代表资格审查委员会报送选举结果前，发现当选人违反本办法第十一条规定的登记表所声明内容的，或者因危害国家安全被法院判决有罪的，应当在向全国人民代表大会常务委员会代表资格审查委员会报送选举结果的同时，提出当选人违反登记表所声明内容或者因危害国家安全被法院判决有罪的情况的报告。代表资格审查委员会经审查核实后，应当向全国人民代表大会常务委员会提出确定代表当选无效的报告。

全国人民代表大会常务委员会根据代表资格审查委员会提出的报告，确认代表的资格或者确定代表的当选无效，并公布代表名单。

第二十条 选举会议主席团接受与选举第十四届全国人民代表大会代表有关的投诉，并转报全国人民代表大会常务委员会代表资格审查委员会处理。

第二十一条 香港特别行政区第十四届全国人民代表大会代表可以向全国人民代表大会常务委员会书面提出辞职，由全国人民代表大会常务委员会决定接受辞职后予以公告。

第二十二条 香港特别行政区第十四届全国人民代表大会代表违反本办法第十一条规定的登记表所声明内容的，或者因危害国家安全被法院判决有罪的，由全国人民代表大会常务委员会代表资格审查委员会提出终止其代表资格的意见，全国人民代表大会常务委员会根据代表资格审查委员会的意见，确定终止其代表资格，并予以公告。

第二十三条 香港特别行政区第十四届全国人民代表大会代

表因故出缺，由选举香港特别行政区第十四届全国人民代表大会代表时未当选的代表候选人，按得票多少顺序依次递补，但是被递补为全国人民代表大会代表的候选人的得票数不得少于选票的三分之一。全国人民代表大会常务委员会根据代表资格审查委员会提出的报告，确认递补的代表资格，公布递补的代表名单。

选举第十四届全国人民代表大会代表时，在未当选的代表候选人中，如遇票数相等不能确定代表出缺时的递补顺序，由主席团决定就票数相等的候选人再次投票，按得票多少确定递补顺序。

附：

参研文件

中华人民共和国香港特别行政区基本法附件一
香港特别行政区行政长官的产生办法

（1990 年 4 月 4 日第七届全国人民代表大会第三次会议通过　根据 2021 年 3 月 30 日第十三届全国人民代表大会常务委员会第二十七次会议修订的《中华人民共和国香港特别行政区基本法附件一香港特别行政区行政长官的产生办法》不再施行）

一、行政长官由一个具有广泛代表性的选举委员会根据本法选出，由中央人民政府任命。

二、选举委员会委员共 800 人，由下列各界人士组成：

工商、金融界	200 人
专业界	200 人
劳工、社会服务、宗教等界	200 人
立法会议员、区域性组织代表、香港地区全国人大代表、香港地区全国政协委员的代表	200 人

选举委员会每届任期五年。

三、各个界别的划分，以及每个界别中何种组织可以产生选举委员的名额，由香港特别行政区根据民主、开放的原则制定选举法加以规定。

各界别法定团体根据选举法规定的分配名额和选举办法自行选出选举委员会委员。

选举委员以个人身份投票。

四、不少于一百名的选举委员可联合提名行政长官候选人。每名委员只可提出一名候选人。

五、选举委员会根据提名的名单，经一人一票无记名投票选出行政长官候任人。具体选举办法由选举法规定。

六、第一任行政长官按照《全国人民代表大会关于香港特别行政区第一届政府和立法会产生办法的决定》产生。

七、二〇〇七年以后各任行政长官的产生办法如需修改，须经立法会全体议员三分之二多数通过，行政长官同意，并报全国人民代表大会常务委员会批准。

中华人民共和国香港特别行政区基本法附件二
香港特别行政区立法会的产生办法和表决程序

（1990 年 4 月 4 日第七届全国人民代表大会第三次会议通过　根据 2021 年 3 月 30 日第十三届全国人民代表大会常务委员会第二十七次会议修订的《中华人民共和国香港特别行政区基本法附件二香港特别行政区立法会的产生办法和表决程序》不再施行）

一、立法会的产生办法

（一）香港特别行政区立法会议员每届 60 人，第一届立法会按照《全国人民代表大会关于香港特别行政区第一届政府和立法会产生办法的决定》产生。第二届、第三届立法会的组成如下：

第二届

功能团体选举的议员	30 人
选举委员会选举的议员	6 人
分区直接选举的议员	24 人

第三届

功能团体选举的议员	30 人
分区直接选举的议员	30 人

（二）除第一届立法会外，上述选举委员会即本法附件一规定的选举委员会。上述分区直接选举的选区划分、投票办法，各个功能界别和法定团体的划分、议员名额的分配、选举办法及选举

委员会选举议员的办法，由香港特别行政区政府提出并经立法会通过的选举法加以规定。

二、立法会对法案、议案的表决程序

除本法另有规定外，香港特别行政区立法会对法案和议案的表决采取下列程序：

政府提出的法案，如获得出席会议的全体议员的过半数票，即为通过。

立法会议员个人提出的议案、法案和对政府法案的修正案均须分别经功能团体选举产生的议员和分区直接选举、选举委员会选举产生的议员两部分出席会议议员各过半数通过。

三、二〇〇七年以后立法会的产生办法和表决程序

二〇〇七年以后香港特别行政区立法会的产生办法和法案、议案的表决程序，如需对本附件的规定进行修改，须经立法会全体议员三分之二多数通过，行政长官同意，并报全国人民代表大会常务委员会备案。

全国人民代表大会常务委员会关于批准《中华人民共和国香港特别行政区基本法附件一香港特别行政区行政长官的产生办法修正案》的决定

（2010年8月28日第十一届全国人民代表大会常务委员会第十六次会议通过）

第十一届全国人民代表大会常务委员会第十六次会议决定：

根据《中华人民共和国香港特别行政区基本法》附件一、《全国人民代表大会常务委员会关于〈中华人民共和国香港特别行政区基本法〉附件一第七条和附件二第三条的解释》和《全国人民代表大会常务委员会关于香港特别行政区2012年行政长官和立法会产生办法及有关普选问题的决定》，批准香港特别行政区提出的《中华人民共和国香港特别行政区基本法附件一香港特别行政区行政长官的产生办法修正案》。

《中华人民共和国香港特别行政区基本法附件一香港特别行政区行政长官的产生办法修正案》自批准之日起生效。

中华人民共和国香港特别行政区基本法附件一香港特别行政区行政长官的产生办法修正案

（2010 年 8 月 28 日第十一届全国人民代表大会常务委员会第十六次会议批准　根据 2021 年 3 月 30 日第十三届全国人民代表大会常务委员会第二十七次会议修订的《中华人民共和国香港特别行政区基本法附件一香港特别行政区行政长官的产生办法》不再施行）

一、二〇一二年选举第四任行政长官人选的选举委员会共 1200 人，由下列各界人士组成：

工商、金融界	300 人
专业界	300 人
劳工、社会服务、宗教等界	300 人
立法会议员、区议会议员的代表、乡议局的代表、香港特别行政区全国人大代表、香港特别行政区全国政协委员的代表	300 人

选举委员会每届任期五年。

二、不少于一百五十名的选举委员可联合提名行政长官候选人。每名委员只可提出一名候选人。

全国人民代表大会常务委员会公告

〔十一届〕第十五号

根据《中华人民共和国香港特别行政区基本法》附件二、《全国人民代表大会常务委员会关于〈中华人民共和国香港特别行政区基本法〉附件一第七条和附件二第三条的解释》和《全国人民代表大会常务委员会关于香港特别行政区2012年行政长官和立法会产生办法及有关普选问题的决定》，全国人民代表大会常务委员会对《中华人民共和国香港特别行政区基本法附件二香港特别行政区立法会的产生办法和表决程序修正案》予以备案，现予公布。

《中华人民共和国香港特别行政区基本法附件二香港特别行政区立法会的产生办法和表决程序修正案》自公布之日起生效。

特此公告。

全国人民代表大会常务委员会

2010年8月28日

中华人民共和国香港特别行政区基本法附件二香港特别行政区立法会的产生办法和表决程序修正案

（2010年8月28日第十一届全国人民代表大会常务委员会第十六次会议予以备案　根据2021年3月30日第十三届全国人民代表大会常务委员会第二十七次会议修订的《中华人民共和国香港特别行政区基本法附件二香港特别行政区立法会的产生办法和表决程序》不再施行）

二〇一二年第五届立法会共70名议员，其组成如下：

功能团体选举的议员	35人
分区直接选举的议员	35人

全国人民代表大会常务委员会关于《中华人民共和国香港特别行政区基本法》附件一第七条和附件二第三条的解释

（2004 年 4 月 6 日第十届全国人民代表大会

常务委员会第八次会议通过）

第十届全国人民代表大会常务委员会第八次会议审议了委员长会议关于提请审议《全国人民代表大会常务委员会关于〈中华人民共和国香港特别行政区基本法〉附件一第七条和附件二第三条的解释（草案）》的议案。经征询全国人民代表大会常务委员会香港特别行政区基本法委员会的意见，全国人民代表大会常务委员会决定，根据《中华人民共和国宪法》第六十七条第四项和《中华人民共和国香港特别行政区基本法》第一百五十八条第一款的规定，对《中华人民共和国香港特别行政区基本法》附件一《香港特别行政区行政长官的产生办法》第七条“二〇〇七年以后各任行政长官的产生办法如需修改，须经立法会全体议员三分之二多数通过，行政长官同意，并报全国人民代表大会常务委员会批准”的规定和附件二《香港特别行政区立法会的产生办法和表决程序》第三条“二〇〇七年以后香港特别行政区立法会的产生办法和法案、议案的表决程序，如需对本附件的规定进行修改，须经立法会全体议员三分之二多数通过，行政长官同意，并报全国人民代表大会常务委员会备案”的规定，作如下解释：

一、上述两个附件中规定的“二〇〇七年以后”，含二〇〇七年。

二、上述两个附件中规定的二〇〇七年以后各任行政长官的产生办法、立法会的产生办法和法案、议案的表决程序“如需”修改，是指可以进行修改，也可以不进行修改。

三、上述两个附件中规定的须经立法会全体议员三分之二多数通过，行政长官同意，并报全国人民代表大会常务委员会批准或者备案，是指行政长官的产生办法和立法会的产生办法及立法会法案、议案的表决程序修改时必经的法律程序。只有经过上述程序，包括最后全国人民代表大会常务委员会依法批准或者备案，该修改方可生效。是否需要进行修改，香港特别行政区行政长官应向全国人民代表大会常务委员会提出报告，由全国人民代表大会常务委员会依照《中华人民共和国香港特别行政区基本法》第四十五条和第六十八条规定，根据香港特别行政区的实际情况和循序渐进的原则确定。修改行政长官产生办法和立法会产生办法及立法会法案、议案表决程序的法案及其修正案，应由香港特别行政区政府向立法会提出。

四、上述两个附件中规定的行政长官的产生办法、立法会的产生办法和法案、议案的表决程序如果不作修改，行政长官的产生办法仍适用附件一关于行政长官产生办法的规定；立法会的产生办法和法案、议案的表决程序仍适用附件二关于第三届立法会产生办法的规定和附件二关于法案、议案的表决程序的规定。

现予公告。

全国人民代表大会关于香港特别行政区第一届政府和立法会产生办法的决定

（1990年4月4日第七届全国人民代表大会第三次会议通过）

一、香港特别行政区第一届政府和立法会根据体现国家主权、平稳过渡的原则产生。

二、在一九九六年内，全国人民代表大会设立香港特别行政区筹备委员会，负责筹备成立香港特别行政区的有关事宜，根据本决定规定第一届政府和立法会的具体产生办法。筹备委员会由内地和不少于50%的香港委员组成，主任委员和委员由全国人民代表大会常务委员会委任。

三、香港特别行政区筹备委员会负责筹组香港特别行政区第一届政府推选委员会（以下简称推选委员会）。

推选委员会全部由香港永久性居民组成，必须具有广泛代表性，成员包括全国人民代表大会香港地区代表、香港地区全国政协委员的代表、香港特别行政区成立前曾在香港行政、立法、咨询机构任职并有实际经验的人士和各阶层、界别中具有代表性的人士。

推选委员会由400人组成，比例如下：

工商、金融界	25%
专业界	25%

劳工、基层、宗教等界 25%

原政界人士、香港地区全国人大代表、香港地区全国政协委员的代表 25%

四、推选委员会在当地以协商方式、或协商后提名选举，推举第一任行政长官人选，报中央人民政府任命。第一任行政长官的任期与正常任期相同。

五、第一届香港特别行政区政府由香港特别行政区行政长官按香港特别行政区基本法规定负责筹组。

六、香港特别行政区第一届立法会由 60 人组成，其中分区直接选举产生议员 20 人，选举委员会选举产生议员 10 人，功能团体选举产生议员 30 人。原香港最后一届立法局的组成如符合本决定和香港特别行政区基本法的有关规定，其议员拥护中华人民共和国香港特别行政区基本法、愿意效忠中华人民共和国香港特别行政区并符合香港特别行政区基本法规定条件者，经香港特别行政区筹备委员会确认，即可成为香港特别行政区第一届立法会议员。

香港特别行政区第一届立法会议员的任期为两年。

全国人民代表大会常务委员会关于郑耀棠等32名全国人大代表所提议案的决定

（1994年8月31日第八届全国人民代表大会常务委员会第九次会议通过）

第八届全国人民代表大会常务委员会第九次会议根据全国人大法律委员会的审议报告，审议了第八届全国人大第二次会议主席团交付法律委员会审议的郑耀棠等32名全国人大代表提出的议案。

会议认为，港英最后一届立法局、市政局和区域市政局、区议会于1997年6月30日终止。英国政府单方面决定的有关港英最后一届立法局、市政局和区域市政局、区议会的选举安排，违反中英联合声明，不符合《中华人民共和国香港特别行政区基本法》和《全国人民代表大会关于香港特别行政区第一届政府和立法会产生办法的决定》。会议决定：由香港特别行政区筹备委员会根据《全国人民代表大会关于香港特别行政区第一届政府和立法会产生办法的决定》，负责筹备成立香港特别行政区的有关事宜，规定香港特别行政区第一届立法会的具体产生办法，组建香港特别行政区第一届立法会。根据《中华人民共和国香港特别行政区基本法》，香港特别行政区的区域组织的职权和组成方法由香港特别行政区的法律规定。

全国人民代表大会常务委员会关于香港特别行政区2007年行政长官和2008年立法会产生办法有关问题的决定

（2004年4月26日第十届全国人民代表大会常务委员会第九次会议通过）

第十届全国人民代表大会常务委员会第九次会议审议了香港特别行政区行政长官董建华2004年4月15日提交的《关于香港特别行政区2007年行政长官和2008年立法会产生办法是否需要修改的报告》，并在会前征询了香港特别行政区全国人大代表、全国政协委员和香港各界人士、全国人大常委会香港特别行政区基本法委员会香港委员、香港特别行政区政府政制发展专责小组的意见，同时征求了国务院港澳事务办公室的意见。全国人大常委会在审议中充分注意到近期香港社会对2007年以后行政长官和立法会的产生办法的关注，其中包括一些团体和人士希望2007年行政长官和2008年立法会全部议员由普选产生的意见。

会议认为，《中华人民共和国香港特别行政区基本法》（以下简称香港基本法）第四十五条和第六十八条已明确规定，香港特别行政区行政长官和立法会的产生办法应根据香港特别行政区的实际情况和循序渐进的原则而规定，最终达至行政长官由一个有广泛代表性的提名委员会按民主程序提名后普选产生、立法会全部议员由普选产生的目标。香港特别行政区行政长官和立法会的产生办法应符合香港基本法的上述原则和规定。有关香港特别行政区行政长官和立法会产生办法的任何改变，都应遵循与香港社会、经济、政治的发展相协调，有利于社会各阶层、各界别、各方面的均衡参与，有利于行政主导体制的有效运行，有利于保持香港的长期繁荣稳定等原则。

会议认为，香港特别行政区成立以来，香港居民所享有的民主权利是前所未有的。第一任行政长官由 400 人组成的推选委员会选举产生，第二任行政长官由 800 人组成的选举委员会选举产生；立法会 60 名议员中分区直选产生的议员已由第一届立法会的 20 名增加到第二届立法会的 24 名，今年 9 月产生的第三届立法会将达至 30 名。香港实行民主选举的历史不长，香港居民行使参与推选特别行政区行政长官的民主权利，至今不到 7 年。香港回归祖国以来，立法会中分区直选议员的数量已有相当幅度的增加，在达至分区直选议员和功能团体选举的议员各占一半的格局后，对香港社会整体运作的影响，尤其是对行政主导体制的影响尚有待实践检验。加之目前香港社会各界对于 2007 年以后行政长官和立法会的产生办法如何确定仍存在较大分歧，尚未形成广泛共识。在此情况下，实现香港基本法第四十五条规定的行政长官由一个有广泛代表性的提名委员会按民主程序提名后普选产生和香港基本法第六十八条规定的立法会全部议员由普选产生的条件还不具备。

鉴此，全国人大常委会依据香港基本法的有关规定和《全国人民代表大会常务委员会关于〈中华人民共和国香港特别行政区基本法〉附件一第七条和附件二第三条的解释》，对香港特别行政区 2007 年行政长官和 2008 年立法会的产生办法决定如下：

一、2007 年香港特别行政区第三任行政长官的选举，不实行由普选产生的办法。2008 年香港特别行政区第四届立法会的选举，不实行全部议员由普选产生的办法，功能团体和分区直选产生的议员各占半数的比例维持不变，立法会对法案、议案的表决程序维持不变。

二、在不违反本决定第一条的前提下，2007 年香港特别行政区第三任行政长官的具体产生办法和 2008 年香港特别行政区第四届立法会的具体产生办法，可按照香港基本法第四十五条、第六十八条的规定和附件一第七条、附件二第三条的规定作出符合循序渐进原则的适当修改。

会议认为，按照香港基本法的规定，在香港特别行政区根据实际情况，循序渐进地发展民主，是中央坚定不移的一贯立场。随着香港社会各方面的发展和进步，经过香港特别行政区政府和香港居民的共同努力，香港特别行政区的民主制度一定能够不断地向前发展，最终达至香港基本法规定的行政长官由一个有广泛代表性的提名委员会按民主程序提名后普选产生和立法会全部议员由普选产生的目标。

全国人民代表大会常务委员会关于香港特别行政区2012年行政长官和立法会产生办法及有关普选问题的决定

（2007年12月29日第十届全国人民代表大会常务委员会第三十一次会议通过）

第十届全国人民代表大会常务委员会第三十一次会议审议了香港特别行政区行政长官曾荫权2007年12月12日提交的《关于香港特别行政区政制发展咨询情况及2012年行政长官和立法会产生办法是否需要修改的报告》。会议认为，2012年香港特别行政区第四任行政长官的具体产生办法和第五届立法会的具体产生办法可以作出适当修改；2017年香港特别行政区第五任行政长官的选举可以实行由普选产生的办法；在行政长官由普选产生以后，香港特别行政区立法会的选举可以实行全部议员由普选产生的办法。全国人民代表大会常务委员会根据《中华人民共和国香港特别行政区基本法》的有关规定和《全国人民代表大会常务委员会关于〈中华人民共和国香港特别行政区基本法〉附件一第七条和附件二第三条的解释》决定如下：

一、2012年香港特别行政区第四任行政长官的选举，不实行由普选产生的办法。2012年香港特别行政区第五届立法会的选举，不实行全部议员由普选产生的办法，功能团体和分区直选产生的议员各占半数的比例维持不变，立法会对法案、议案的表决程序维持不变。在此前提下，2012 年香港特别行政区第四任行政长官的具体产生办法和 2012 年香港特别行政区第五届立法会的具体产生办法，可按照《中华人民共和国香港特别行政区基本法》第四十五条、第六十八条的规定和附件一第七条、附件二第三条的规定作出符合循序渐进原则的适当修改。

二、在香港特别行政区行政长官实行普选前的适当时候，行政长官须按照香港基本法的有关规定和《全国人民代表大会常务委员会关于〈中华人民共和国香港特别行政区基本法〉附件一第七条和附件二第三条的解释》，就行政长官产生办法的修改问题向全国人民代表大会常务委员会提出报告，由全国人民代表大会常务委员会确定。修改行政长官产生办法的法案及其修正案，应由香港特别行政区政府向立法会提出，经立法会全体议员三分之二多数通过，行政长官同意，报全国人民代表大会常务委员会批准。

三、在香港特别行政区立法会全部议员实行普选前的适当时候，行政长官须按照香港基本法的有关规定和《全国人民代表大会常务委员会关于〈中华人民共和国香港特别行政区基本法〉附件一第七条和附件二第三条的解释》，就立法会产生办法的修改问题以及立法会表决程序是否相应作出修改的问题向全国人民代表大会常务委员会提出报告，由全国人民代表大会常务委员会确定。修改立法会产生办法和立法会法案、议案表决程序的法案及其修正案，应由香港特别行政区政府向立法会提出，经立法会全体议员三分之二多数通过，行政长官同意，报全国人民代表大会常务委员会备案。

四、香港特别行政区行政长官的产生办法、立法会的产生办法和法案、议案表决程序如果未能依照法定程序作出修改，行政长官的产生办法继续适用上一任行政长官的产生办法，立法会的产生办法和法案、议案表决程序继续适用上一届立法会的产生办法和法案、议案表决程序。

会议认为，根据香港基本法第四十五条的规定，在香港特别行政区行政长官实行普选产生的办法时，须组成一个有广泛代表性的提名委员会。提名委员会可参照香港基本法附件一有关选举委员会的现行规定组成。提名委员会须按照民主程序提名产生若干名行政长官候选人，由香港特别行政区全体合资格选民普选产生行政长官人选，报中央人民政府任命。

会议认为，经过香港特别行政区政府和香港市民的共同努力，香港特别行政区的民主制度一定能够不断向前发展，并按照香港基本法和本决定的规定，实现行政长官和立法会全部议员由普选产生的目标。

全国人民代表大会常务委员会关于香港特别行政区行政长官普选问题和2016年立法会产生办法的决定

（2014年8月31日第十二届全国人民代表大会常务委员会第十次会议通过）

第十二届全国人民代表大会常务委员会第十次会议审议了香港特别行政区行政长官梁振英2014年7月15日提交的《关于香港特别行政区2017年行政长官及2016年立法会产生办法是否需要修改的报告》，并在审议中充分考虑了香港社会的有关意见和建议。

会议指出，2007年12月29日第十届全国人民代表大会常务委员会第三十一次会议通过的《全国人民代表大会常务委员会关于香港特别行政区2012年行政长官和立法会产生办法及有关普选问题的决定》规定，2017年香港特别行政区第五任行政长官的选举可以实行由普选产生的办法；在行政长官实行普选前的适当时候，行政长官须按照香港基本法的有关规定和《全国人民代表大会常务委员会关于〈中华人民共和国香港特别行政区基本法〉附件一第七条和附件二第三条的解释》，就行政长官产生办法的修改问题向全国人民代表大会常务委员会提出报告，由全国人民代表大会常务委员会确定。2013年12月4日至2014年5月3日，香港特别行政区政府就2017年行政长官产生办法和2016年立法会产生办法进行了广泛、深入的公众咨询。咨询过程中，香港社会普遍希望2017年实现行政长官由普选产生，并就行政长官普选办法必须符合香港基本法和全国人大常委会有关决定、行政长官必须由爱国爱港人士担任等重要原则形成了广泛共识。对于2017年行政长官普选办法和2016年立法会产生办法，香港社会提出了各种意见和建议。在此基础上，香港特别行政区行政长官就2017年行政长官和2016年立法会产生办法修改问题向全国人大常委会提出报告。会议认为，行政长官的报告符合香港基本法、全国人大常委会关于香港基本法附件一第七条和附件二第三条的解释以及全国人大常委会有关决定的要求，全面、客观地反映了公众咨询的情况，是一个积极、负责、务实的报告。

会议认为，实行行政长官普选，是香港民主发展的历史性进步，也是香港特别行政区政治体制的重大变革，关系到香港长期繁荣稳定，关系到国家主权、安全和发展利益，必须审慎、稳步推进。香港特别行政区行政长官普选源于香港基本法第四十五条第二款的规定，即“行政长官的产生办法根据香港特别行政区的实际情况和循序渐进的原则而规定，最终达至由一个有广泛代表性的提名委员会按民主程序提名后普选产生的目标。”制定行政长官普选办法，必须严格遵循香港基本法有关规定，符合“一国两制”的原则，符合香港特别行政区的法律地位，兼顾社会各阶层的利益，体现均衡参与，有利于资本主义经济发展，循序渐进地发展适合香港实际情况的民主制度。鉴于香港社会对如何落实香港基本法有关行政长官普选的规定存在较大争议，全国人大常委会对正确实施香港基本法和决定行政长官产生办法负有宪制责任，有必要就行政长官普选办法的一些核心问题作出规定，以促进香港社会凝聚共识，依法顺利实现行政长官普选。

会议认为，按照香港基本法的规定，香港特别行政区行政长官既要对香港特别行政区负责，也要对中央人民政府负责，必须坚持行政长官由爱国爱港人士担任的原则。这是“一国两制”方针政策的基本要求，是行政长官的法律地位和重要职责所决定的，是保持香港长期繁荣稳定，维护国家主权、安全和发展利益的客观需要。行政长官普选办法必须为此提供相应的制度保障。

会议认为，2012 年香港特别行政区第五届立法会产生办法经过修改后，已经向扩大民主的方向迈出了重大步伐。香港基本法附件二规定的现行立法会产生办法和表决程序不作修改，2016 年第六届立法会产生办法和表决程序继续适用现行规定，符合循序渐进地发展适合香港实际情况的民主制度的原则，符合香港社会的多数意见，也有利于香港社会各界集中精力优先处理行政长官普选问题，从而为行政长官实行普选后实现立法会全部议员由普选产生的目标创造条件。

鉴此，全国人民代表大会常务委员会根据《中华人民共和国香港特别行政区基本法》、《全国人民代表大会常务委员会关于〈中华人民共和国香港特别行政区基本法〉附件一第七条和附件二第三条的解释》和《全国人民代表大会常务委员会关于香港特别行政区 2012 年行政长官和立法会产生办法及有关普选问题的决定》的有关规定，决定如下：

一、从 2017 年开始，香港特别行政区行政长官选举可以实行由普选产生的办法。

二、香港特别行政区行政长官选举实行由普选产生的办法时：

（一）须组成一个有广泛代表性的提名委员会。提名委员会的人数、构成和委员产生办法按照第四任行政长官选举委员会的人数、构成和委员产生办法而规定。

（二）提名委员会按民主程序提名产生二至三名行政长官候选人。每名候选人均须获得提名委员会全体委员半数以上的支持。

（三）香港特别行政区合资格选民均有行政长官选举权，依法从行政长官候选人中选出一名行政长官人选。

（四）行政长官人选经普选产生后，由中央人民政府任命。

三、行政长官普选的具体办法依照法定程序通过修改《中华人民共和国香港特别行政区基本法》附件一《香港特别行政区行政长官的产生办法》予以规定。修改法案及其修正案应由香港特别行政区政府根据香港基本法和本决定的规定，向香港特别行政区立法会提出，经立法会全体议员三分之二多数通过，行政长官同意，报全国人民代表大会常务委员会批准。

四、如行政长官普选的具体办法未能经法定程序获得通过，行政长官的选举继续适用上一任行政长官的产生办法。

五、香港基本法附件二关于立法会产生办法和表决程序的现行规定不作修改，2016 年香港特别行政区第六届立法会产生办法和表决程序，继续适用第五届立法会产生办法和法案、议案表决程序。在行政长官由普选产生以后，香港特别行政区立法会的选举可以实行全部议员由普选产生的办法。在立法会实行普选前的适当时候，由普选产生的行政长官按照香港基本法的有关规定和

《全国人民代表大会常务委员会关于〈中华人民共和国香港特别行政区基本法〉附件一第七条和附件二第三条的解释》，就立法会产生办法的修改问题向全国人民代表大会常务委员会提出报告，由全国人民代表大会常务委员会确定。

会议强调，坚定不移地贯彻落实“一国两制”、“港人治港”、高度自治方针政策，严格按照香港基本法办事，稳步推进2017年行政长官由普选产生，是中央的一贯立场。希望香港特别行政区政府和香港社会各界依照香港基本法和本决定的规定，共同努力，达至行政长官由普选产生的目标。